UP

50 dicas para decolar na sua carreira

Daniela do Lago

UP

50 dicas para decolar na sua carreira

INTEGRARE
business

Copyright © 2016 Daniela do Lago
Copyright © 2016 Integrare Editora e Livraria Ltda.

Editores
André Luiz M. Tiba e Luciana Martins Tiba

Coordenação e produção editorial
Estúdio C R Comunicação

Copidesque
Rafaela Silva

Revisão
Pedro Japiassu Reis

Projeto gráfico e diagramação
Gerson Reis

Capa
Q-pix – Estúdio de criação – Renato Sievers

Dados Internacionais de Catalogação na Publicação (CIP)
Andreia de Almeida CRB-8/7889

Lago, Daniela do
   Up: 50 dicas para decolar na sua carreira / Daniela do
Lago. -- São Paulo : Integrare Editora, 2016.
   248 p.

ISBN 978-85-8211-077-5

1. Carreiras 2. Orientação profissional 3. Mercado de
trabalho 4. Liderança 5. Administração de pessoal 6.
Sucesso I. Título

CDD 650.14   16-1077

Índices para catálogo sistemático:
1. Carreiras

Todos os direitos reservados à INTEGRARE EDITORA E LIVRARIA LTDA.
Rua Tabapuã, 1123, 7º andar, conj. 71/74
CEP 04533-014 – São Paulo – SP – Brasil
Tel. (55) (11) 3562-8590
Visite nosso site: *www.integrareeditora.com.br*

SUMÁRIO

JOVENS

Apresentação 13

1 Ralação do início de carreira 17

2 Como encontrar um trabalho que você ame 21

3 A incrível ilusão de "pular" etapas na vida.
Três regras para a construção de uma
carreira de sucesso 25

4 Existe problema em viver sem rumo? 31

5 Seus contatos ajudam ou atrapalham a carreira?
Saiba fazer bem o networking. 35

6 Os profissionais alienados e sua eterna
insatisfação: será que você é um deles? 39

7 Basta só uma curtida no Facebook para
ser demitido! Fique esperto! 45

8 Minha vida deveria parecer melhor no Facebook! 49

9 Você sabe se autogerenciar? 53

10 O momento da virada: chega de blá-blá-blá
e comece a se levar mais a sério. 57

UP - 50 DICAS PARA DECOLAR NA SUA CARREIRA

MULHERES

Apresentação 63

11 Filhos não impedem que as mulheres tenham
uma carreira. São os maridos 67

12 As mulheres trabalham mais horas e ganham
menos que os homens! E a tal igualdade de gênero? . . . 71

13 Socorro! Não sei dizer NÃO! 75

14 Levar as coisas para o lado pessoal causa
problemas profissionais. O trabalho não é
uma irmandade de mulheres 79

15 Chorar no trabalho é sinal de fraqueza? 83

16 Sucesso na carreira significa adiar
a maternidade? 87

17 Quanto machismo há na sua empresa? 91

18 Você sabe o que é *manterrupting, bropriating,
mansplaining e gaslighting?* Palavras em
inglês, mas com significado universal:
machismo para calar sua voz! 95

19 Sentindo-se uma fraude! Mulheres e a
síndrome da impostora. 101

20 Uma carta para seu chefe machista. 105

LÍDERES

Apresentação 111

21 Como anda sua inteligência emocional? 115

22 Você trabalharia com alguém como você? 119

23 Uma carreira de sucesso não se constrói na
velocidade 4G: popularidade pode
prejudicar sua carreira 123

DANIELA DO LAGO

24 Paquera e sexo casual com colegas de trabalho.
Será que vale a pena?. 127

25 Como seria se você pudesse definir
seu próprio salário?. 131

26 Qual é o limite entre insistir em algo e desistir de vez?
Três dicas práticas que podem ajudá-lo a saber
o exato momento de *"let it go"* ou *"let it be"*. 135

27 Você contrataria seu chefe para ser
seu funcionário? 141

28 A ironia é uma péssima ferramenta para
conversas na empresa. 145

29 Na hora do corte, será que você sabe como
demitir? Aprenda o passo-a-passo da demissão. 149

30 Por que você foi contratado para trabalhar em
nossa empresa? Uma carta do seu chefe para você. . . 157

UP NA CARREIRA

Apresentação 163

31 Quanto te ofereceram de salário para
desistir dos seus sonhos?. 165

32 O "bê-a-bá" do trabalho: vinte atitudes
positivas que todo bom profissional
deve ter na empresa 169

33 Você já se sentiu angustiado com os
rumos da sua carreira? 173

34 Não se desmotive com o sucesso profissional
dos outros. Foque em suas metas!. 179

35 Preguiçosos agitados 183

UP - 50 DICAS PARA DECOLAR NA SUA CARREIRA

36 Importância das viagens de relacionamento
no ambiente corporativo...................... 187

37 Você é um profissional emotivo?
Três atitudes nada profissionais que podem
te prejudicar na empresa...................... 189

38 Burrice emocional............................. 195

39 Assuntos do coração são mesmo complicados.
Como trabalhar e manter bom desempenho
na empresa com o coração partido?.............. 199

40 Homossexualidade no trabalho –
Vamos tirar a hipocrisia do armário?............ 203

41 Velho quem? Os desafios do mercado de trabalho
para quem tem mais de sessenta anos............ 207

42 A realidade da crise econômica. Quanto do seu
trabalho baseia-se na aparência e não na realidade?.. 211

43 Quão seguro é o seu emprego? 215

44 Sobrevivendo a um chefe FDP. Seu chefe é
inteligente, senão ele não seria o seu chefe!........ 219

45 Medo e desconfiança: como dominar as
emoções negativas que contaminam o
ambiente de trabalho 223

46 Critérios para escolher um emprego 227

47 As demissões são um indicador de fracasso do líder?.. 231

48 Pare de reclamar e largue o trabalho que odeia!
Doze perguntas que vão esclarecer se você
está trabalhando no lugar errado 235

49 O que o seu trabalho atual está fazendo com
você como pessoa, com a sua mente, o seu
caráter e os seus relacionamentos? 239

50 A dura realidade da idade no mercado
de trabalho 243

Dedico este novo livro ao meu passado e ao meu futuro.

Quero homenagear o passado: meus avós, que em suas vidas não chegaram a completar o primeiro grau na escola e nem tiveram diplomas, mas souberam compartilhar com mestria sua sabedoria e deixaram um legado de força de vontade e determinação, por isso fizeram um excelente trabalho. Guardo as lembranças de vocês num lugar seguro, dentro de mim.

Ao futuro, agradecimento especial aos meus sobrinhos Christian, Amanda, Arthur, Angélica, Nicole e Theo. Crianças lindas e cheias de oportunidades. Que vocês possam fazer as escolhas certas na caminhada da vida. Quão maravilhosa ficou a minha vida quando vocês chegaram neste mundo!

UP

JOVENS

Apresentação

Palmas! Uhuuuu!! Vivaaaa!!!

Que alegria ver um texto honesto, claro, decidido, útil e tão profissional. Em tempos em que parecer "bonito na fita" é mais importante que dizer a verdade, Daniela se mostra mais generosa do que nunca ao dar um autêntico chamado para a maturidade de seus leitores.

Já li seu outro livro e novamente me surpreendi com a profundidade de suas dicas preciosas e tão objetivas. Quantos profissionais ficam à margem de si mesmos, cambaleando em vidas que não se mostram realizadas, pela simples falta de habilidades como as apresentadas aqui... Muitos!

Nestes mais de 25 anos trabalhando com Orientação para Escolha Profissional e com Desenvolvimento Humano em empresas, vejo que há uma enorme falta de clareza sobre a vida real que todos temos que enfrentar hoje em dia.

Como Daniela comenta, é crescente o número de pessoas que esperam das empresas, dos chefes, dos clientes, do mundo, uma compreensão quase como a de um pai superprotetor, ou de uma mãe carinhosa. Só que a vida simplesmente passa por cima daqueles que se nivelam por baixo, ou buscam os atalhos, a vida gostosinha, apostando no "deixa a vida me levar, vida leva eu...". A autora nos mostra um lema fabuloso da excelência: meça seus passos, nunca seus sonhos.

Muitos de nossos jovens, com grande potencial, simplesmente não levantam voo na carreira. Isso acontece porque há um grande aumento do narcisismo, fomentado pela comparação com a vida idealizada e postada nas redes sociais mundo afora, mais uma onda de mimos e superproteção em muitas das famílias atuais. Esses profissionais, ainda iniciantes, irão se beneficiar muito das orientações aqui apresentadas por uma professora que coloca em prática tudo que prega e que tem feito a diferença junto aos seus clientes, por meio de sua própria trajetória incessantemente dedicada à excelência.

Este livro marcará história, pois poderá ajudar o leitor a se tornar protagonista da sua carreira e da sua vida.

Antigamente, as pessoas usavam penas e tinta para escrever, itens que eram caros e difíceis de se conseguir. Gosto de pensar nisso quando lembro da expressão "valer a pena". Valeria a pena escrever algo que não desperdiçasse, nem a pena, nem a tinta.

E a sua vida está valendo a pena? Aproveite cada palavra deste livro e faça como Daniela indica: transforme seus potenciais em ações concretas de compromisso com a melhor versão de si mesmo e faça valer a sua vida. Viva. Viva-se!

Leo Fraiman

Ralação do início de carreira

Independentemente da quantidade de cursos técnicos que você já tenha feito e da quantidade de diplomas e certificados que possui, a experiência profissional só acontece quando é vivida: você é o único que pode experimentá-la! É como uma estrada que só pode ser caminhada por você.

A prática de mercado vigente é que todo profissional chega até uma empresa através das habilidades técnicas. Como isso acontece? Alguém da área de Recursos Humanos fez um filtro de maneira muito "fria", de acordo com as informações técnicas contidas no currículo: onde se formou, quais idiomas domina e cursos realizados. Nesse momento você é chamado para uma primeira entrevista e, após o processo seletivo, começa sua jornada no primeiro trabalho.

UP - 50 DICAS PARA DECOLAR NA SUA CARREIRA

Acontece que, logo no início das nossas carreiras, mesmo que tenhamos feito muitos cursos técnicos, será necessário desenvolver na prática todo aquele conhecimento adquirido, e isso significa arregaçar as mangas e trabalhar!

Como este jovem ainda não tem experiência profissional, é muito provável que terá de fazer um monte de atividades que chamo de "tenho que".

Existem tarefas no nosso cotidiano que gostamos de fazer e outras tarefas que "temos que" fazer. São aquelas atividades tidas como chatas, operacionais e rotineiras, mas extremamente necessárias para a organização e controle dos processos da empresa.

À medida que o jovem profissional vai mostrando resultado, a parcela de atividades "tenho que" vai diminuindo e aumenta a parcela de atividades que ele gosta de fazer. Portanto, ao receber uma tarefa chata para fazer, faça logo e com excelência! Assim, bons resultados aparecerão e num curto espaço de tempo, você estará livre daquele enrosco e se dedicando às atividades que gosta de fazer.

Quase 100% das tarefas a executar em início de carreira são operacionais e chamadas de "tenho que", e é aí que mora o perigo. Muitos jovens profissionais têm a ilusão de que farão somente atividades que gostam no trabalho e tendem a desistir precocemente por não se adaptarem.

Vejo, atualmente, um quadro de muita ansiedade,

intolerância, nervosismo e angústia. A grande maioria está confusa sobre o caminho profissional que começa a ser traçado. Isso sem contar os que se preparam muito, mas executam pouco.

Fazer o que gosta não significa fazer algo legal todos os dias.

O mundo não premia o seu potencial e sim o seu real! Pare com essa ilusão de que irá trabalhar somente com coisas que gosta de fazer e saiba lidar com situações chatas e difíceis.

Hoje, em minha carreira, a maioria de tarefas que executo são as que amo fazer. Mas, ainda que em menor escala, as atividades que "tenho que" me acompanham e não é privilégio só meu, isso acontece com todos os profissionais, inclusive com o presidente de sua empresa.

Sabe por que seu chefe lhe dará um monte de tarefas "tenho que" para fazer no trabalho? Para dar a você a oportunidade de mostrar o seu super talento e poder traduzir para o mundo esse grande potencial que você diz ter.

Não é o que você diz, mas, sim, o que você faz que conta no mundo corporativo. Se entender como uma grande oportunidade, passará rapidamente por esse período de grande ralação, necessário para adquirir experiência.

Vale ressaltar também que, quando começamos a trabalhar, geralmente ganhamos um salário "mixuruca". À medida que apresentamos bons resultados, assumimos mais responsabilidades, o valor que recebemos também irá aumentar na mesma proporção: quanto maior a responsabilidade, maior o salário.

A trajetória profissional não pode ser herdada, tampouco pode ser comprada e ninguém pode tirá-la de você. Está esperando o que para começar a trilhá-la?

Comece logo!

2

Como encontrar um trabalho que você ame

omo podemos encontrar um trabalho que verdadeiramente melhore nossas vidas?

Aí está uma pergunta importante e recorrente que passa pela cabeça de qualquer profissional. Estive, recentemente, numa aula sobre essa temática na *School of life* e gostaria de compartilhar com vocês o que aprendi.

Não é fácil encontrar o trabalho perfeito. Aquele que pague bem, que nos proporcione aprendizado, crescimento intelectual, valorização, respeito e que seja profundamente satisfatório. A maioria dos profissionais não consegue experimentar nada disso em suas carreiras. Vivem uma realidade na qual devem aceitar o inevitável, como se o único lema para a vida "penosa" de trabalho fosse: "sorria e aguente". Mas não precisa ser assim.

Quais fatores na sua vida tem de ser considerados na busca por um trabalho que você ame? Segundo o autor Roman Kzarnic, há quatro formas de propósito a perseguir para que o trabalho tenha significado e represente mais do que, apenas, uma "fonte financeira para pagar as contas":

1 - Valores: ser fiel aos seus valores e encontrar o trabalho que personifique esses valores são opções cada vez mais viáveis para aqueles que querem trabalhar com algo que amem;

2 - Objetivos: ter objetivos significativos podem nos levar adiante e tornar o trabalho gratificante, com significado, baseado no conceito de uma "atribuição concreta" e a ideia de ter um "chamado";

3 - Respeito: atingir determinado status social pode trazer um vazio interior e insatisfação. Encontrar um trabalho em que você se sinta respeitado e seja tratado com consideração e como um indivíduo único pode ser uma escolha melhor e mais saudável;

4 - Talentos: usar todos os seus talentos pode levá-lo a se tornar um generalista, em vez de um especialista. É importante explorar seus múltiplos talentos para criar uma nova identidade de trabalho. Você pode até trabalhar em uma empresa, pois precisa honrar suas contas, mas a realização virá através de uma atividade (muitas vezes não remunerada no início) na qual consiga vivenciar o seu talento. Um bom exemplo disso é Carlos Drummond de Andrade, que foi um poeta e cronista brasileiro, considerado por muitos o mais influente poeta brasileiro do século XX. Formado em Farmácia, Drummond foi funcionário público durante a maior parte da vida.

Se conseguir escolher trabalho, serviço ou empresa na qual se adeque em pelo menos um desses quatro propósitos, poderá encontrar o tão sonhado trabalho que ame.

Tudo muito bonito na teoria, mas na prática será que essa realidade é possível a todas as pessoas? Provavelmente não!

Gostaria de deixar uma pergunta importante que pode servir de reflexão para todos os profissionais que não estão satisfeitos com seu trabalho atual: será que o trabalho dos seus sonhos será tão satisfatório quanto você imagina que seja?

Antes de sair reclamando por aí sobre seu trabalho atual, proponho que faça imediatamente uma reflexão para saber o que você precisa fazer de fato para se considerar completamente realizado.

Preste atenção sobre o verbo "FAZER" que coloquei na frase anterior, pois somente assim poderá traçar um plano e não terá expectativas irreais acerca desse tal "trabalho dos sonhos".

3

A incrível ilusão de "pular" etapas na vida. Três regras para a construção de uma carreira de sucesso

O rápido progresso de hoje, com o grande avanço tecnológico, pode nos trazer a sensação de que estamos sempre atrasados e desatualizados. Não é mais segredo que todo profissional tem que ser multitarefa, as empresas exigem que você faça cada vez mais com menos. Nunca ouvi o contrário.

Confesso que adoro resolver as coisas rapidamente. Tempo para mim, definitivamente é dinheiro. Detesto a sensação de que estou "perdendo tempo" ao fazer uma atividade, seja pegar uma fila gigantesca, ficar aguardando ser atendida numa chamada telefônica ou, até mesmo, ficar parada no trânsito. Então, se tenho que enfrentar tais situações, procuro me ocupar com outras coisas simultaneamente, para não ficar com essa sensação desagradável de perder tempo.

No entanto, o objetivo deste artigo é outro. Nem tudo nesta vida pode ser acelerado e, quando falamos de sua carreira, você deverá tomar cuidado para não "pular etapas", que nada ajudarão em sua trajetória profissional.

A indústria mundial lucra bilhões vendendo "facilidades", tais como: "consiga ter uma barriga chapada em 3 dias"; "emagreça 10 quilos em um mês sem fazer dieta"; "fique rico sem trabalhar" e por aí vai. Já dizia um famoso economista americano: "Não existe almoço grátis". Portanto, é ilusão você buscar resultados positivos imediatos, sem esforço.

Tudo tem seu tempo determinado. A Natureza é perfeita. Para produzir qualquer alimento, requer tempo para semear, para germinar e, depois, o tempo da colheita.

Na minha profissão, com essa incrível aceleração para alcançar o tal sucesso profissional, muitos me procuram para fazer o processo de *coaching*. Trata-se de uma ferramenta para desenvolvimento comportamental e nem todo mundo precisa passar por um processo intenso como esse.

Em minha prática, antes de iniciar as tratativas de valores desse processo, envio um questionário, cujas respostas do interessado indicam se realmente o processo de *coaching* é a ferramenta mais adequada naquele momento. Muitas vezes, aquele profissional só precisa de uma conversa focada com um mentor, ou de um treinamento específico. Em outros casos, é apenas uma questão de paciência para que o tempo de cultivo chegue e ele possa colher os frutos que plantou na carreira.

Acontece que viralizaram na internet os exemplos dos "profissionais fenômenos". Considero fenômenos, aqueles raros exemplos de profissionais que inventaram algo e ficaram milionários da noite para o dia, sem terem passado pelas regras gerais que o restante da humanidade tem que lidar em suas vidas. Vale a ressalva de que não tem nada de errado admirarmos esses "profissionais fenômenos". São exemplos inspiradores de que é possível, mas sejamos sinceros, não acontece com todo mundo e nem a todo momento. O que não me parece muito produtivo é o profissional não querer encarar o dia a dia pelas regras normais, e depositar todas as suas fichas esperando que um "fenômeno" aconteça em sua vida e o salve da dura realidade.

Sendo assim, pare de lutar contra as regras da vida e encare a realidade para a construção de uma carreira sólida e plena. Aqui vão três regras que todo profissional deve seguir, se quiser experimentar uma carreira de sucesso:

Regra 1 **VOCÊ TERÁ QUE ESTUDAR**

Não me refiro ao estudo acadêmico, somente. Conheço muitos executivos de sucesso que não têm graduação. Refiro-me a estudar, seja o tema que for. Estou para ver quando estudo irá prejudicar alguém.

Pergunte a qualquer profissional de sucesso, sem diploma, se recomendaria que seus filhos não estudassem e o quanto a falta de estudo custa aos cofres das empresas para pagar consultores diplomados. Portanto, boa educação e conhecimento sempre abrirão portas na sua trajetória profissional.

Regra 2 **VOCÊ TERÁ QUE MOSTRAR BONS RESULTADOS**

Por mais qualificado tecnicamente que seja, você não assumirá um cargo de liderança com grandes responsabilidades logo no início da sua carreira. Mesmo que seja na empresa da sua família. O mundo não premia o potencial, e sim, o real. Você terá que gerar resultados para comprovar o quanto sabe das coisas e o quão é bom tecnicamente. A experiência profissional na parte comportamental tem que ser vivida, e isso requer tempo. Tenha paciência.

Regra 3 — VOCÊ DEVERÁ GASTAR MENOS DO QUE GANHA

É matemático! É a regra de ouro para não se tornar refém de nenhuma empresa. Ter independência financeira lhe dará a liberdade que tanto busca na carreira. Os profissionais mais procurados no mercado são aqueles que têm independência financeira. Será coincidência? Claro que não! Os profissionais independentes arriscam mais na empresa, pois não têm medo de que algo dê errado e, com isso, conseguem melhores resultados. Conquistar esse patamar requer tempo e disciplina. Portanto, comece logo!

Se você seguir com as regras gerais irá construir uma carreira sólida no tempo necessário e estará preparado se um "fenômeno" acontecer em sua vida. Mas, ficar aguardando somente por isso e nada fazer no dia a dia, pode ter consequências penosas na carreira.

Queimar etapas para alcançar sucesso é uma ilusão vendida por alguns espertinhos que faturam milhões no mercado. Então, pare de encher o bolso dos outros buscando facilidades que não existem, e comece a cuidar da sua vida profissional de maneira responsável.

Existe problema em viver sem rumo?

Não há problema algum em viver sem rumo, se você não tem pretensão de chegar a lugar algum. Sim, planos podem não dar certo, porém não tê-los será, com certeza, a pior das opções.

Vira e mexe me deparo com pessoas que reclamam de nunca conseguirem o que querem, que seus sonhos nunca se realizam. São aquelas pessoas que, quando você pergunta como está a vida, falam da correria, da falta de tempo, da situação do país... A culpa é sempre de um terceiro, do governo, da má sorte, de Deus, do destino ou do consultor que indicou o caminho errado.

Mas, e se os planos não derem certo? O medo do

UP - 50 DICAS PARA DECOLAR NA SUA CARREIRA

fracasso é a principal razão pela qual as pessoas acham trabalhoso planejar. Sem um planejamento, sem um objetivo e suas respectivas metas, o indivíduo acaba sendo governado pelas circunstâncias e pelas decisões de terceiros.

Cada dia que vivemos é um território desconhecido. Podemos prever o que "queremos" fazer, mas não podemos ter certeza do que iremos, de fato, realizar.

A realidade da vida hoje acaba colocando muita gente na "berlinda". Mudanças ocorrem com mais frequência e sem muito aviso prévio, como a perda de um emprego, o fim de um casamento, investimentos em negócios que não vingaram etc. O medo das mudanças também não deve ser motivo para evitar os planos.

A falta de objetivos a longo prazo é o grande responsável pela sensação de vazio, desperdício de tempo e falta de motivação. Se a pessoa não sabe porque faz as coisas, qual o resultado final desejado, se não tem motivos, a sensação de estar sendo inútil é inevitável.

Aproveite a energia do início de ano e adote uma primeira boa atitude: seja proativo. Minha dica é muito simples, prática e funcional: anote num papel, em forma de frases curtas, o que deseja para o ano. Seja realista e específico no que deseja. Exemplo: não anote apenas "quero ser feliz", mas descreva as ações que o levarão a isso.

Quando me refiro a ser específico, ao invés de escrever "quero ganhar mais", prefira escrever "quero ganhar X mil reais até o final do ano" e anote o que será necessário fazer para conquistar essa meta. Não vale escrever "quero ganhar na Mega Sena", pois esse é um exemplo de situação que foge do seu controle. A regra é escrever ações que você pode realizar e controlar, ou seja, fazendo a sua parte.

Planejar a vida não significa controlar cada passo, porque isso seria impossível. Planejar significa saber onde estamos, aonde queremos ir, como chegar lá e claro, ter "jogo de cintura" para lidar com contratempos no meio do caminho.

Não existem regras que digam que, se você fizer um planejamento pessoal, irá alcançá-lo. Mas acredito que não é legal sentir fracasso ao pensar sobre os sonhos que deixou para trás por medo de tentar. Não deixe a inércia da covardia corroer sua alma e consumir suas energias.

Todos merecemos uma vida de realização e profunda satisfação, e o significado disso é diferente para cada pessoa, então descubra o seu! A vida é sua e você a planeja como quiser! Mas o importante é ter um rumo.

Mãos à obra!

5

Seus contatos ajudam ou atrapalham a carreira? Saiba fazer bem o networking

U m estudo da Universidade Columbia, de Nova Iorque, mostrou que o seu relacionamento na internet pode ajudar em movimentos sociais.

Movimentos sociais são os ambientes que cada profissional frequenta como: academias de ginástica, restaurantes, cursos, grupos de negócios, festas de lançamentos de produtos em empresas etc.

De acordo com a pesquisa, as pessoas são mais influenciadas por amigos que já conhecem e pelos amigos dos amigos, do que por amigos que não dividem o mesmo círculo social. Isso quer dizer que, dependendo do ambiente que circula, você pode ter acesso a mais oportunidades do que outras pessoas.

Até aí, sem novidades. Desde que o mundo é mundo, todos sabem que as conexões e amizades são cruciais para crescermos na vida. Isso não significa, porém, que deva adicionar e se conectar com qualquer profissional que julga ser conveniente para sua escalada social. O despreparo e oportunismo arranham sua reputação perante o mercado.

Sua reputação é seu ativo mais valioso, seja no campo profissional ou no pessoal, portanto, desenvolva relacionamentos duradouros e verdadeiros.

Observa-se, em alguns profissionais, que as amizades e a troca de "gentilezas corporativas" estão sendo mal interpretadas. A premissa básica do networking é a de que uma relação puramente profissional não tem nada a ver com amizade.

Estamos cercados de profissionais que acionam sua rede de contatos somente quando ficam desempregados. Não é assim que se ativa suas conexões. O processo é cíclico: deve-se começar aos poucos, dar e receber. Depois, usar o próprio crescimento para expandir seus contatos, à medida que for alcançando sucesso.

Trate, portanto, de causar a melhor primeira impressão que puder. Mostre que se importa com os outros e trabalhe para construir uma boa imagem, assim, todo mundo vai querer entrar na sua rede.

O fato é que, na vida, estamos todos no mesmo barco e tudo o que se consegue é com a ajuda das pessoas. É inteligente, portanto, se empenhar na construção de relacionamentos benéficos. Relacionamento se faz em casa, na família, no trabalho, na comunidade, em toda parte.

Se você está cultivando bons relacionamentos, continue. Se não está, comece imediatamente. Para receber, é preciso dar. A vida tem suas estações, assim como você! Seja prudente e mantenha o foco na qualidade, não na quantidade de relacionamentos.

O bom profissional faz a diferença e brilha, não porque está sendo observado pelos outros, mas porque se observa o tempo todo. É importante reparar que o meio em que vive, o influencia. E, no seu caso, o que o tem influenciado na construção dos seus relacionamentos?

6

Os profissionais alienados e sua eterna insatisfação: será que você é um deles?

Fiquei impressionada com a enxurrada de e-mails que recebi recentemente, devido à minha participação em alguns programas de rádio com veiculação nacional. Sem brincadeira, foram quase mil e-mails de desconhecidos me relatando problemas e dilemas em suas carreiras. Pois bem, penso que se um profissional me escreve, ele realmente precisa de uma orientação e por isso respondi a todos. Em pleno feriado me comprometi e dei as respostas que tinha e que poderiam orientá-los.

Mas, confesso que fiquei muito incomodada com

o que li nos relatos e com a visão limitada de muitos profissionais brasileiros sobre o real mercado de trabalho, que está passando por uma intensa crise.

Muitas empresas estão demitindo e pagando salários irrisórios para bons profissionais e, claro, exigindo que façam cada vez mais com menos. Não sou a favor disso, por isso sempre recomendo a cada profissional que tenha as rédeas de sua própria carreira: assim, em uma situação como esta, ninguém precisará se sujeitar a qualquer acordo para se manter em um trabalhinho medíocre.

Por outro lado, o que quero abordar neste artigo é que vejo também muitos jovens profissionais, com até certa qualificação técnica, mas que nunca trabalharam na vida, exigindo ser reconhecidos, valorizados e recompensados pelo seu potencial (ainda imaginário) e não pelo seus resultados reais. Estão no início de suas carreiras, querendo ganhar muita grana, querendo escolher somente atividades que gostam e que sejam prazerosas de fazer na empresa. Puxa vida, o que está acontecendo? Ou melhor? Onde vamos parar com tanta gente "viajando" sobre a realidade no mercado?

Minha teoria é que venderam uma ideia de alcançar excelentes resultados com pouco esforço, para esses jovens. Ideia perigosa, mas que não existe. E o pior é que eles acreditaram e compraram como verdades absolutas! Acreditaram em fenômenos e não estão de olhos abertos para a realidade. Por isso, sentem-se insatisfeitos em suas carreiras, esperando algo que, provavelmente, jamais acontecerá!

Muita gente precisa de uma palavra amiga e de incentivo, de vez em quando. Isso é normal e saudável, mas acreditar em milagre corporativo, já é demais!

Peço desculpas pelas minhas palavras duras neste artigo. Talvez hoje eu não escreva algo que você goste de ler, mas o meu papel é este: dizer o que é preciso ser ouvido, com o único intuito de aprendermos, crescermos e avançarmos na vida. Não vendo facilidade e sim realidade, então aqui vão algumas verdades sobre o mercado de trabalho:

Dica 1 — PARE DE ACREDITAR E COMPRAR FACILIDADES

O mundo não foi criado para que você, diferentemente de qualquer outro ser humano, tenha uma vida mais fácil. Nem todo mundo possui um talento espetacular e será descoberto logo no início de sua carreira! Isso acontece com poucos fenômenos e não com a maioria das pessoas. Devemos parar de nos achar exceção e seguir as regras do jogo corporativo. Pense bem, se seguir nas regras de qualquer mortal, pode ser que um fenômeno aconteça em sua vida, então neste caso, estará preparado. Mas ficar somente aguardando um acontecimento como esse pode ser muito arriscado para sua carreira. O tempo passa depressa demais para ficar apenas esperando que algo aconteça.

Dica 2 — VENÇA O SISTEMA PRIMEIRO E DEPOIS SIGA SUAS PRÓPRIAS REGRAS

Para sair do sistema "opressor" de *empresa que manda versus funcionário que obedece*, você deverá vencê-lo primeiro. Traduza seu potencial técnico e traga para a realidade, colecione bons resultados, somente assim poderá negociar seu passe no mercado.

Dica 3 — VOCÊ TERÁ QUE ESTUDAR

O estudo a que me refiro não é só o acadêmico. Sempre teremos que estudar alguma coisa. Jamais desista de se qualificar. Você nunca perderá na vida por ter estudado. Por acaso já conheceu algum inteligente arrependido? Para aqueles que acham que somente a empresa deve investir nos seus estudos, repense essa atitude. Se nem você tem coragem de investir em sua própria qualificação, por que sua empresa deveria investir?

Dica 4 · VOCÊ NÃO ASSUMIRÁ CARGOS HIERÁRQUICOS ELEVADOS E DE DESTAQUE LOGO NO INÍCIO DE SUA CARREIRA

Esqueça! Isso não acontece no mundo dos negócios. Experiência profissional deve ser vivida, não é herdada de ninguém, nem comprada. Quanto antes começar, mais cedo colherá os frutos.

Independentemente de sua qualificação técnica, de quantos cursos já realizou em sua vida, a parte comportamental não funciona da mesma forma e nem na mesma velocidade. Essa é a beleza do trabalho, pois todos temos que vivenciá-lo e, dessa forma, estaremos em iguais condições!

Então, está esperando o quê? Arregace as mangas e enfrente logo a realidade do mundo corporativo.

Sim, todos merecemos o melhor desta vida. Isso não significa que a vida nos dará de mãos beijadas. A realidade é o que é, não o que você gostaria que ela fosse. Não existe almoço grátis, então faça a sua parte para obter do mundo o que tanto deseja.

Basta só uma curtida no Facebook para ser demitido! Fique esperto!

Alguém duvida que as redes sociais precisam ser encaradas com mais seriedade?

Aconteceu recentemente mais uma demissão de um colaborador por justa causa por "curtida" no Facebook. O caso foi validado pelo Tribunal Regional do Trabalho.

O ato de curtir no Facebook comentários feitos por outra pessoa, considerados ofensivos à empresa em que trabalha, já é motivo para demissão por justa causa, pois a Justiça entende que é um ato de concordância com o que foi publicado.

Veja bem, será que somente o fato de curtir um post ou comentário significa que concordamos com o conteúdo?

Na minha opinião nem sempre a curtida é sinal de concordância ou aceitação – pode ser apenas um meio de se solidarizar. Às vezes, eu mesma curto publicação no Facebook como forma de "dar um alô" a um amigo.

Por outro lado, quando o usuário clica em "curtir" ou "compartilhar" algo no Facebook, ele está ajudando a divulgar e dar maior visibilidade àquela notícia.

Particularmente, acho injusto sermos avaliados na empresa pelas nossas curtidas no Facebook, mas a realidade é outra e a Justiça do Trabalho não está preocupada com nossas opiniões, por isso temos que ficar atentos.

O fato é que ainda não sabemos usar as redes sociais de maneira estratégica. Até chegarmos a esse equilíbrio, teremos que tomar cuidado para não sermos prejudicados no local onde trabalhamos.

Há responsabilidade dos que compartilham mensagens e dos que nelas opinam de forma ofensiva. É importante frisar que liberdade de expressão não é total, nem irrestrita. Possui limites.

O direito de livre expressão não é absoluto, podendo caracterizar abuso quando o discurso é inflamado pelo ódio, raiva ou até em razão de interesses obscuros. Portanto, internautas devem tomar muito cuidado com as postagens levianas, ofensivas e mentirosas, pois a pessoa ofendida poderá recorrer-se da polícia e da Justiça para a garantia de seus direitos fundamentais, inclusive indenizatórios.

Dica 1 — NÃO CURTA PUBLICAÇÕES COM CRÍTICAS À SUA EMPRESA OU A QUALQUER PROFISSIONAL QUE TRABALHE NELA

Vamos combinar que ofender alguém não é divertido e ninguém gosta de ser alvo de ofensas, portanto temos que acabar com essa prática.

Dica 2 — NÃO COMPARTILHE CONTEÚDO SEM LER

É muito comum pessoas lerem somente o título do texto ou o primeiro parágrafo. Temos inúmeros exemplos de confusões geradas pela não leitura e entendimento do texto. Muitos não leem, não verificam a veracidade e ainda querem opinar a respeito. Agir assim realmente não vai te ajudar em nada!

Dica 3 — BOM SENSO E UMA CERTA DOSE DE SERIEDADE

Especialmente em se tratando da imagem e de direitos de terceiros ou, no caso, da empresa em que você trabalha.

Realmente as redes sociais precisam ser encaradas com mais seriedade. Aquela linha divisória entre vida pessoal e profissional não existe mais e por isso teremos que rever nossas atitudes para não sermos prejudicados em nossas carreiras.

8

Minha vida deveria parecer melhor no Facebook!

"*Estes deveriam ser os melhores anos da minha vida e veja onde estou, ainda nem consegui ser efetivado!*".

Você se surpreenderia com o número de e-mails que recebo por semana de profissionais que comparam suas carreiras com posts alheios do Facebook.

Muitos jovens profissionais sentem que, por meio das postagens, suas vidas são avaliadas e até julgadas, diariamente. Admitem, com relutância, que ao longo de horas ficam postando fotos e comentários, percorrendo repetidas vezes, tentando ver como os outros verão a sua própria página, quantas curtidas ganhou e quem foi que curtiu.

Numa espécie de autopublicidade, buscam mostrar a melhor versão de si mesmos. Afinal, parecer bem-sucedido na vida virtual é bem mais fácil do que ser, de fato, na vida real. Pior que acham que são os únicos a fazer essa confissão. Mas não são!

Tanto o Facebook, quanto qualquer outra rede social, têm o poder de ajudar as pessoas a se sentirem mais conectadas e menos sós. O objetivo inicial é resgatar amizades antigas para os mais velhos e muito útil para os jovens fazerem novos "amigos". Mas as pesquisas mostram que, em média, os usuários passam mais tempo olhando as páginas dos outros do que postando conteúdo próprio. Seria algo como uma "vigilância social".

A sensação perigosa, ao meu ver, está na equiparação com os outros, principalmente no que diz respeito à carreira e ao trabalho. O pior é que sentem a necessidade de receber uma curtida por qualquer tarefa realizada na empresa. Afinal de contas, as centenas de "amigos" que nunca viram na vida real, com suas atualizações diárias, os lembram de quão gloriosa e bem-sucedida a vida deveria ser.

"Me sinto satisfeito com minha carreira e conquistas diárias, até olhar o Facebook e ver o que as outras pessoas estão fazendo". A maioria dos jovens não cai na armadilha de comparar suas vidas com as das celebridades, mas, mesmo assim, tratam as imagens e postagens dos colegas virtuais como reais.

Ao invés de se sentirem conectados e fortalecidos

com a internet, sentem-se desamparados e pressionados a ter sucesso rapidamente. E haja crise de ansiedade pela cobrança surreal do ideal de sucesso que criaram.

Gosto muito das redes sociais e das facilidades que o mundo virtual me proporciona, mas vou listar aqui algumas particularidades do mundo real que tenho compartilhado com muitos jovens profissionais:

- A taxa de desemprego do Brasil é alta e real;

- A maior parte das pessoas tem vidas comuns e não há nada de errado nisso;

- A maioria dos empregos e das empresas por onde passo não combina com as festas e vidas que vejo nas redes sociais;

- Sua vida adulta começa pelos vinte e poucos anos e não vai ser possível colher tantas glórias nessa idade, sem ter plantado nada;

- Os salários iniciais são baixos para recém-graduados e para aqueles que não têm experiência profissional;

- Você irá ganhar um salário "mixuruca" como estagiário e existe um risco enorme de ficar desempregado logo que sair da faculdade;

- Com absoluta certeza você irá desempenhar mais tarefas chatas do que legais no início da carreira;

- O fato de fazer tarefas chatas, manuais ou mecânicas, não o estará rebaixando, nem deixando de desenvolver o seu potencial;

UP - 50 DICAS PARA DECOLAR NA SUA CARREIRA

• Cobre-se menos e faça mais. Estabilizar-se é muito diferente de se acomodar;

• Você é o único que vai construir e trilhar a sua caminhada na sua carreira.

Saia do Facebook e toque sua vida!

9

Você sabe se autogerenciar?

Você é um profissional que detesta cobrança do chefe? Gosta de ter liberdade para produzir e trabalhar?

Se sim, a regra básica para que consiga ter essa experiência no trabalho é que você terá que se gerenciar. O que isso quer dizer? Peter Drucker disse que todo profissional de sucesso tem que ser "um astro do desempenho".

Uma pessoa focada e comprometida com o alto desempenho tem maiores chances de aproveitar oportunidades, se lançar em novos desafios e explorar suas competências de forma efetiva.

Por que o autogerenciamento é tão importante para os profissionais? Em primeiro lugar, pessoas que estão no controle de suas responsabilidades e compromissos são capazes de criar um ambiente de confiança e integridade.

Muitos profissionais reclamam da excessiva cobrança que recebem diariamente, mas não percebem que desperdiçam seu precioso tempo se distraindo com atividades menos importantes e acabam não fazendo o que tem de ser feito.

Se você sente que está perdendo tempo no trabalho em atividades menos importantes, com constantes interrupções, planeje-se melhor. A responsabilidade de resolver isso é sua. Não culpe o trabalho, ficando numa postura passiva.

A dedicação para o alto desempenho e o autogerenciamento trata-se de uma postura, uma atitude, uma escolha. Aqui vão algumas dicas para você:

Dica 1 ORGANIZE-SE

Planejar e priorizar ações são competências cruciais para quem quer ter liberdade no trabalho. Saiba conciliar múltiplas frentes de trabalho e atividades concorrentes. Essa realidade de fazer mais com menos não irá mudar tão cedo. As empresas estão atrás de profissionais produtivos e não daqueles que passam mais horas dentro do escritório e não têm autocontrole para lidar com as urgências.

Dica 2 — FAÇA O QUE TEM QUE SER FEITO E PONTO FINAL

Aquela atividade é de sua responsabilidade? Se faz parte do escopo do seu trabalho, mesmo que outras pessoas também participem da execução, você é o responsável por aquela tarefa e será cobrado por isso.

Pare de dar desculpas sobre por que aquele trabalho não foi feito. Somos hábeis construtores de desculpas – talvez seja a nossa maior habilidade. Concentre sua energia na atividade que precisa ser realizada, não nas desculpas.

Quando você contrata um serviço particular de TV a cabo ou telefonia, por exemplo, o seu desejo é que o serviço seja feito e entregue. Você não está interessado nas desculpas e contratempos que a empresa teve para não te entregar. O que deseja é o resultado, afinal você pagou por aquele serviço. Pois bem, a premissa é a mesma dentro de sua empresa.

Dica 3 — SEJA DISCIPLINADO

Sempre que seu chefe te pedir algo, defina o prazo final de entrega e faça com excelência <u>antes</u> do prazo.

Fazer rápido e correto, respeitando procedimentos internos. É fundamental para aqueles que querem ter a confiança do chefe e dos colegas na empresa.

Sei que você também tem sob sua responsabilidade algumas atividades chatas e maçantes e é aí que precisa ficar atento. Por não querer enfrentá-las, acabamos nos distraindo com outras atividades e vamos deixando para o último momento.

Pare de se ocupar fazendo coisas que você não precisa fazer para evitar o que precisa fazer de verdade.

Quando você for capaz de se autogerenciar estará livre das cobranças, pois não terá mais sentido seu chefe pegar no seu pé. Afinal, você irá demonstrar que é um profissional confiável e que entrega com excelência o que se comprometeu a fazer.

10

O momento da virada: chega de blá-blá-blá e comece a se levar mais a sério

Quando o final do ano vai chegando, sempre ouvimos aquele blá-blá-blá das pessoas que vivem na frustração dizendo: *"mas já se foi o ano?"*, como se não tivessem visto o tempo passar. E é verdade, elas não viram mesmo!

São pessoas que vivem no *piloto automático*, se distraindo, fazendo o mesmo de sempre, andam muito ocupadas no trabalho, mas no final das contas nada do que fazem tem a ver com seus próprios sonhos profissionais.

Quando menciono a palavra "sonho profissional", muitas pessoas imaginam uma vida tranquila, aquela cena de diversão e alegria no trabalho, imaginam reconhecimento, ganhar prêmios, aplausos, bônus e até salários nas alturas. O que muitos se esquecem é de que, para experimentar esse cenário, terão que trabalhar intensamente.

Construir uma carreira de sucesso está bem longe dessa moleza toda. Requer energia, ralação, trabalho duro e focado, tomar as decisões certas e fazer o sacrifício que for necessário para concretizar suas metas. E acreditem: esse "sacrifício" valerá muito a pena!

Está na hora do despertar profissional! Mesmo aos trancos e barrancos devemos construir, passo a passo, nossa trajetória de carreira. Aqui vão algumas dicas para você aplicar imediatamente em sua vida, independentemente de ser final de ano ou não:

Dica 1 TENHA VISÃO A LONGO PRAZO – FAÇA PLANEJAMENTO DE CINCO ANOS

O raciocínio é o seguinte: a grande maioria dos sonhos que temos não são realizáveis em apenas um ano. Definir metas somente para um ano é um pouco ingênuo e denota falta de visão. Cinco anos é uma janela de tempo razoável, conseguimos vislumbrar metas claras e objetivas para nossas vidas de forma coerente, sem "viajar na maionese" e dar asas à imaginação.

Então, sente com papel e caneta, planilha ou arquivo no computador e anote o que desejaria alcançar nos próximos cinco anos: sonhos, obstáculos que você gostaria de vencer, marcos a serem atingidos, conquistas. Seja realista.

Uma dica importante é que ao escrever você seja claro e objetivo, evite clichês e generalizações. Não defina algo como: "eu quero dar uma virada na minha vida e ser um sucesso!", ou "eu quero ser feliz!". Tá, ok, mas o que isso significa? Traduza suas intenções em atividades práticas.

Dica 2 — DESENVOLVA A DISCIPLINA. SÓ OS DISCIPLINADOS SÃO LIVRES! OS INDISCIPLINADOS SÃO ESCRAVOS DO PRAZER MOMENTÂNEO.

Para inserir as metas em seu dia a dia, você precisa se disciplinar e isso é chato para algumas pessoas. Disciplina é uma coisinha antipática que nos lembra da época de escola, ou parece a "cobrança do pai", na infância.

Alcançar suas metas vai dar trabalho e você deverá fazer um esforço, sobrenatural que seja, para cumprir o roteiro. A falta de disciplina nos leva a desacreditar nas nossas próprias metas, mas é aí que reside a maior diferença entre pessoas bem-sucedidas e as que tropeçam na caminhada da carreira: o foco.

Este é um dos maiores segredos do sucesso e depende do nosso comprometimento com o que nos propomos a fazer, mesmo que ninguém cobre, que ninguém saiba o que estamos fazendo. Se não nos levarmos a sério, como poderemos esperar resultados?

Dica 3 — PARE DE PERDER TEMPO COM ATIVIDADES QUE PARECEM ÚTEIS, MAS NÃO SÃO!

Essas atividades podem ser leitura de blogs, redes sociais, livros não relacionados às suas metas, sites de notícias (você realmente precisa saber de tudo o que está acontecendo no mundo das celebridades?). Livros de ficção são ótimos para passar o tempo nas férias ou ler antes de dormir, mas fora essas ocasiões, a "culta" leitura está lhe roubando um precioso tempo.

Um dos maiores problemas com as resoluções de ano novo é que as pessoas não mudam os hábitos que não as deixam alcançar seus objetivos.

Se há cinco anos você tivesse lido e levado a sério um artigo como este, o que você já teria conquistado hoje? Quantas coisas já poderia ter feito se tivesse dedicado algumas horinhas diárias (ou semanais) a algo que há tempos você vem pensando em fazer? Seus próximos anos podem ser muito diferentes, se você se levar mais a sério!

UP

MULHERES

Apresentação

Mulher! Empreendedora por excelência

Entrei no mundo corporativo numa época em que as mulheres ainda eram minoria nesse contexto. De lá para cá, observo que o cenário profissional feminino ampliou de uma forma extraordinária.

Hoje, profissionais são respeitadas, ocupam altos escalões em empresas de diferentes segmentos e não deixam nada a dever em questões relacionadas à capacidade de administração e visão para os negócios, com a vantagem de ter percepção ampliada e intuição única. Vale dizer que a iniciativa da própria Daniela do Lago, com o desenvolvimento de **UP - 50 dicas para decolar na sua carreira**, tem esse viés, com uma perspectiva generosa e empreendedora.

Mas, infelizmente, ainda hoje existem países no mundo em que as mulheres não têm direito à alfabetização, ao exercício de uma profissão, ao desenvolvimento de uma carreira profissional e até o direito de escolher o seu próprio cônjuge é negado. Participação política, então, um sonho!

Por outro lado, na Espanha, há alguns anos existe uma lei de igualdade, a partir da qual as grandes empresas são obrigadas a terem 40% de mulheres na equipe diretiva. No Brasil, o número de mulheres em cargos de confiança e liderança já é bem expressivo, mas estatísticas revelam que ainda existem diferenças salariais entre homens e mulheres que ocupam a mesma função. Apesar disso, esses números se mantêm em crescente declínio e logo estaremos no mesmo nível, inclusive nessas questões.

Uma esfera que ainda precisa ser melhor trabalhada para as mulheres é o foco de seu potencial empreendedor, desenvolvido a partir de um ambiente de confiança. O princípio é entender que empreendedorismo é como cantar: tem gente que nasce com o dom, mas qualquer pessoa pode aprender a cantar sem desafinar e fazer bonito. Talvez não chegue a ter o reconhecimento de uma cantora famosa, mas tem condições de desenvolver habilidades únicas e estimular o empreendedorismo.

A autoconfiança é outra habilidade muito importante para toda e qualquer profissional. Além de ser um grande diferencial, pode ser alavancada com exercício e treino. O sucesso de muitos empreendedores, sejam homens ou mulheres, tem origem justamente no desenvolvimento da autoconfiança, independentemente do seu tempo de mercado. A falta dessa habilidade pode se manifestar em sentimentos de incapacidade, impotência e dúvidas paralisantes. Quem não confia em si mesmo tem muita dificuldade para enfrentar desafios e a cada fracasso, quando acontece, confirma uma sensação de incompetência e muito sofrimento.

Já o autoconhecimento é a base sustentável do sucesso. Um aspecto relevante dessa competência é a identificação de talentos – a capacidade que cada um de nós tem de explorar os frutos da experiência pessoal para alcançar a realização. Pessoas que conquistam e sustentam o seu espaço são aquelas que identificam e assumem as coisas que gostam e sabem fazer com naturalidade, facilidade e prazer. O reconhecimento de aptidões e habilidades permite a criação de uma trajetória pessoal e profissional diferenciada e bem-sucedida. No mundo dos negócios o conhecimento e o capital intelectual não são tudo. O sucesso acontece naturalmente para as pessoas que têm a coragem e a simplicidade de serem elas mesmas.

A competência feminina tem enfraquecido o machismo. Contra fatos não há argumentos e as mulheres têm comprovado os seus diferenciais, mostrado talento e competência. A questão não é a mulher driblar circunstâncias, e sim, manter o foco no que realmente deseja, manter-se atualizada com o mercado, com as tendências, com a tecnologia, com a sua carreira. Hoje temos muitos exemplos de mulheres em cargos de confiança e alto poder. Elas vêm abrindo espaço, se capacitando, acreditando e se disponibilizando, mas acredito que a mulher que realmente vai ter sucesso é a que não copia o modelo empreendedor masculino. Ela cria seus próprios parâmetros e, com outras parceiras, compartilha a criação e um modelo feminino de empreendedorismo. Esse é o grande desafio das mulheres deste século e isso exige algumas características relevantes, entre elas: generosidade, humildade, coragem, inclusão, equilíbrio, consenso, mais outras tantas habilidades femininas.

Ao assumirmos nossos próprios potenciais, temos competências para dar um salto quântico na sociedade, como um país de primeiro mundo que, primeiro, se detém no social e depois no individual.

Leila Navarro

11

Filhos não impedem que as mulheres tenham uma carreira. São os maridos

Essa temática polêmica sobre gênero tomou uma proporção relevante em uma pesquisa realizada na Espanha pelo jornal *El Pais* no final de 2015, e gostaria de propor uma reflexão sobre esse tema, trazendo-o para a realidade brasileira.

Pode ser que algumas coisas mencionadas aqui não se apliquem à sua vida cotidiana, mas podem estar presentes na vida de muitas mulheres em diferentes fases e gerações.

Este artigo é SOBRE mulheres e não somente PARA mulheres. É destinado também aos homens que têm uma parceira ao seu lado.

UP - 50 DICAS PARA DECOLAR NA SUA CARREIRA

No best-seller *Faça acontecer – mulheres, trabalho e a vontade de liderar*, Sheryl Sandberg afirma que uma das decisões mais importantes para a trajetória profissional de uma mulher é escolher um bom cônjuge.

É fato que a ascensão das mulheres em altos cargos de liderança é rara (por enquanto) e crescer na carreira será impossível se essa mulher não tiver apoio do seu marido. Segundo Sandberg, não há exceções.

À medida que seu nível hierárquico sobe na empresa, maior será a responsabilidade e exigência nos resultados, e isso requer dedicação e foco no trabalho. Homens e mulheres costumam entrar nas empresas na mesma proporção, mas enquanto eles vão subindo no organograma, elas vão ficando pelo caminho. Esse fato acontece no momento em que a carreira de um dos dois tem que ganhar prioridade. Na maioria das vezes são as mulheres que abrem mão da vida profissional.

Este fato foi demonstrado num estudo de Harvard sobre "Vida e Liderança", que analisou as aspirações de homens e mulheres treinados para assumir posições de liderança. O resultado mostrou que 75% dos homens esperam que suas esposas assumam em maior medida o cuidado com os filhos e 50% das mulheres acreditam que esse será o seu destino. Além disso, o dado que mais me chamou atenção foi que 70% deles consideram que suas carreiras têm prioridade sobre a de suas esposas. Quase 40% delas pensam o mesmo.

Se for para procurar um culpado, é a própria sociedade. As mulheres se sentem pressionadas, não só por seus cônjuges, mas também pelas instituições e empresas. A pressão a que me refiro é a pressuposição de que elas se encarregarão mais dos filhos, das obrigações do lar e abrirão mão de suas carreiras no momento em que o casal decide qual dos dois deverá dar suporte à família.

Veja bem que esse estudo foi realizado no mercado americano. Desconheço pesquisa similar feita no Brasil, mas sem hipocrisia, alguém duvida que a cultura americana exerce muita influência aqui neste pais? Às vezes penso que somos a América de ontem...

Talvez exista um estigma quanto aos homens ficarem em casa. Infelizmente ainda há resistências sociais difíceis de derrubar, seja nos EUA, ou no Brasil.

E, voltando para as corporações, é fato que existe um tabu para homens falarem a respeito. Nas empresas que atendo em todo o país, a alta direção se diz aberta e apoiadora das mulheres na liderança, mas, elas ocupam menos de 20% dos cargos de responsabilidade nas 500 empresas mais importantes do mundo e sua participação no mercado de trabalho está estancada nos 50% há mais de 20 anos.

Não é por acaso que igualdade de gênero e empoderamento das mulheres será um dos assuntos mais importantes a ser tratado pela ONU (Organização das Nações Unidas) no ano de 2016.

De fato, não existe motivo para que as mulheres abram mão das suas carreiras em detrimento da família.

UP - 50 DICAS PARA DECOLAR NA SUA CARREIRA

Recomendo uma conversa franca e esclarecedora com seu marido, ou parceiro, para decidir qual carreira dará mais suporte à família a longo prazo.

Os casais jovens que estiverem pensando em criar um projeto de vida comum devem ter claras quais são suas pretensões profissionais e pessoais. É muito importante escolher estar ao lado de uma pessoa que respeite seus desejos.

A boa nova é que existem muitas mulheres que fizeram dar certo! Com absoluta certeza elas podem conciliar o sucesso profissional com a convivência familiar. Muitas delas trabalham fora, são bem-sucedidas e conseguem ter tempo de qualidade com os filhos. Qual é o segredo? Parceria com o cônjuge e terceirização das tarefas (mas isso é assunto para o próximo artigo).

Não será fácil! O desafio é conseguir que tanto as empresas, quanto os maridos, nos deem a oportunidade de escolher.

12

As mulheres trabalham mais horas e ganham menos que os homens! E a tal igualdade de gênero?

No atual cenário de discussões feministas em redes sociais e nos veículos de comunicação, nos deparamos cada vez mais com informações sobre a redução da diferença entre os gêneros no mercado de trabalho. Mesmo diante dessa melhoria, porém, muitas pesquisas confirmam que essa desigualdade ainda existe.

Hoje, as mulheres compõem quase a metade da força de trabalho, entretanto, não desfrutam do mesmo poder que os homens.

UP - 50 DICAS PARA DECOLAR NA SUA CARREIRA

De acordo com dados revelados pela instituição *Peterson Institute for International Economics*, dos Estados Unidos, em meados de 2016, 60% das empresas não contavam com mulheres em seus conselhos e apenas 5% contavam com presidentes-executivas mulheres. A pesquisa ouviu 22 mil companhias em 91 países.

Observo que, mesmo quando atingem cargos mais altos, as mulheres nem sempre são bem recebidas. Quando conseguem avançar na hierarquia, são julgadas de acordo com os padrões masculinos e não de acordo com suas próprias características. E muitas vezes são desvalorizadas por outras mulheres também. Isso transmite a sensação de que os homens podem tomar determinadas atitudes livremente, mas, nós mulheres, não.

Falando especificamente sobre a situação aqui no Brasil, a *Pesquisa Nacional por Amostra de Domicílio* (Pnad), do IBGE, revela que as mulheres trabalham cinco horas a mais por dia do que os homens. Para chegar a esse número, o estudo consultou 150 mil famílias e concluiu que essas horas a mais são fruto da dupla jornada entre o trabalho e as atividades dentro de casa.

E, em relação aos salários, o Brasil apresenta um dos maiores níveis de disparidade entre os 18 países pesquisados pelo estudo recém divulgado pelo BID (Banco Interamericano de Desenvolvimento). No nosso país, os homens ganham aproximadamente 30% a mais do que as mulheres de mesma idade e nível de instrução, quase o dobro da média dos países analisados, que é de 17,2%.

Pois é, esses dados relevantes confirmam que ainda temos muito que caminhar quando o assunto é igualdade de gênero.

Minha opinião é que, para começarmos a discutir esse assunto neste país, temos que primeiro ajustar nossa CLT. Infelizmente, por exemplo, dentro de algumas empresas o que interfere na carreira profissional é o fato das mulheres engravidarem – em função da licença-maternidade –, ou por receio que a profissional resolva sair da companhia para se dedicar exclusivamente à maternidade e deixar a equipe na mão.

Por um lado, temos a empresa que paga tributos excessivos previstos em nossa CLT para manter cada funcionário empregado. Neste sentido, realmente, é uma questão complicada e delicada quando a empresa tem muitas mulheres empregadas, pois o empregador sente o desfalque na equipe durante o período de licença-maternidade. Por outro lado, também vejo muitas executivas perderem oportunidades de assumir cargos mais altos na hierarquia, exatamente por esse motivo, o de estarem na idade "crucial" de terem filhos.

As poucas mulheres que conseguem ocupar cargos mais altos na hierarquia, acabam ganhando até 30% a menos do que os homens, e não podemos afirmar que é somente por uma questão cultural. Há de se considerar que o mundo corporativo calcula um certo "risco financeiro" ao contratar uma mulher, devido à hipótese dela se ausentar por causa da maternidade.

Alguém duvida de que devemos rever nossas leis trabalhistas? A nossa CLT já não comporta, faz tempo, o esquema de trabalho que vivenciamos hoje. Veja bem, não sou a favor de retrocesso do que já foi conquistado para as mulheres, mas um ajuste de carga tributária para as empresas. A flexibilização do período de licença-maternidade, tanto para homens, quanto para mulheres, também pode ajudar muito no quesito igualdade de gênero nas empresas.

O objetivo deste artigo é justamente alertar que a igualdade de gênero nas empresas. É uma questão ampla, profunda e cultural. Não é um assunto fácil de se tratar.

O que podemos fazer imediatamente, dentro das empresas e em qualquer ambiente de trabalho, é levar em consideração somente a capacidade de exercer os cargos na empresa, observando os profissionais de forma igualitária, sem entrar no mérito dos gêneros. Ter profissionais de ambos os sexos só trará resultados positivos.

13

Socorro! Não sei dizer NÃO!

O profissional que não sabe dizer "não" é rápido em concordar com os outros, mas geralmente lento ao agir, deixa um rastro de desculpas e promessas não cumpridas. Embora não agrade a ninguém, ele faz de tudo para deixar os outros felizes.

As pessoas que só dizem "sim" frequentemente se sobrecarregam na tentativa de conduzir a vida de acordo com os desejos dos outros. Esses profissionais têm um direcionamento forte para lidar com pessoas, não com tarefas. E, às vezes, não sabem o que fazer para cumprir suas promessas, e nem sequer pensam nas consequências daquilo que se comprometem a fazer.

Geralmente, se sentem muito mal quando não conseguem realizar algo, mas, ainda assim, não

UP - 50 DICAS PARA DECOLAR NA SUA CARREIRA

assumem a culpa: há sempre alguma circunstância, fora do seu controle, que o impediu de cumprir o prometido.

Para agradar a todo mundo e evitar confrontos, a pessoa que não sabe dizer "não" concorda com tudo sem pensar no que está fazendo. Reage rapidamente às demandas mais recentes, mas esquece os compromissos anteriores, se sobrecarregando, até ficar sem tempo para si mesma. Então, ela acaba ficando ressentida.

Para driblar esse comportamento irresponsável, o ideal é que você consiga seguir as dicas abaixo:

Dica 1 — PARE DE QUERER AGRADAR A TODOS!

Esse é o objetivo da pessoa que não sabe dizer "não". Ela concorda com qualquer solicitação, sem pensar nas consequências. Como, em geral, promete muito e realiza pouco, ela deixa as pessoas furiosas. Nas poucas vezes em que cumpre suas promessas, a pessoa do "sim" deixa os outros felizes, mas ela mesma se ressente, na medida em que todas as suas escolhas foram feitas com base nas demandas dos outros.

A melhor forma de agradar é cumprir o que prometeu. Se já sabe que não terá tempo de fazer a tal tarefa, é melhor dizer "não" no momento do pedido. Seja firme e explique as razões pelas quais não poderá se comprometer com aquele pedido, naquele momento.

Sempre digo que é melhor ficar com a cara vermelha na frente de uma pessoa ao dizer "não" uma única vez, do que ficar com a cara amarela por toda vida!

Dica 2 NÃO TEMA A REJEIÇÃO

Quando as pessoas querem se integrar e temem a rejeição, fazem de tudo e se desdobram nessa busca pela aprovação. Elas não hesitam, por exemplo, em sacrificar suas necessidades pessoais para agradar aos outros.

Em algumas situações, assim que você diz "sim", já começa a sentir um desconforto interno. Isso acontece porque, na verdade, você aceitou fazer algo que não queria, ou não poderia. Esse sentimento de sufocamento pode acabar fazendo com que você deixe suas reais vontades e necessidades de lado, em detrimento de coisas menos importantes.

Você será muito mais aceito pelos colegas de trabalho e pelo chefe, se for verdadeiro e entregar aquilo que se comprometeu, do que dizer "sim" para tudo e não cumprir com o acordado.

Dica 3 SEJA SOLÍCITO COM MODERAÇÃO

A sensação de se sentir obrigado a fazer coisas para os outros colegas no trabalho também dificulta na hora de dizer "não". Oferecer ajuda e esforçar-se para auxiliar os outros é uma grande virtude, mas isso não pode fazer com que você deixe suas próprias obrigações de lado. Nem sempre será possível abraçar todo o mundo, e você precisa se certificar de que está fazendo o melhor do seu trabalho, antes.

Para poder dizer "sim", você precisa ter claras as suas prioridades maiores e ter coragem – de um modo educado, sorridente, mas sem se desculpar – para dizer "não" às outras atividades.

Tenha em mente que você está sempre dizendo "não" a alguma coisa. Se não é para coisas urgentes e evidentes na sua vida, provavelmente é para coisas mais fundamentais, mais importantes. Dizemos "sim", ou "não", para as coisas diariamente. Ou melhor, várias vezes por dia.

É preciso aprender a dizer "não", para poder dizer "sim" mais tarde.

14

Levar as coisas para o lado pessoal causa problemas profissionais. O trabalho não é uma irmandade de mulheres

No ambiente de trabalho temos apenas conhecidos, indivíduos com quem podemos ter uma boa relação profissional. Mas, lembre-se: a palavra-chave aqui é **trabalho**.

Levar as coisas para o lado pessoal causa problemas. Um jogador de futebol tem que correr e levar a bola para o fundo do gol e para isso atropelará qualquer um que se ponha em seu caminho. O fato do zagueiro ser seu amigo não significa que ele não enfiará a chuteira em sua canela – se tiver que fazê-lo.

Muitas mulheres entram no jogo do trabalho com uma necessidade mais forte de estabelecer e manter relacionamentos, do que os homens. Queremos conhecer a história de vida das pessoas que interagem conosco no trabalho. Se, por um lado, estabelecer fortes relacionamentos é uma competência para sucesso da liderança, esse tipo de atitude, entretanto, tem seus riscos.

O risco é de tropeçar na carreira por considerar que o "gostar" entra nas relações corporativas. Já vi mulheres prejudicarem suas próprias carreiras, recusando-se a cooperar com pessoas pelas quais têm aversão. Também já observei, inúmeras vezes, mulheres não contratarem pessoas das quais não gostam.

Estudos mostram que as mulheres têm muito mais probabilidade de fazer e manter amizades do que os homens. Fomos criadas de uma forma que, quando meninas, para conseguir o que queríamos, tínhamos que conquistar a outra pessoa: a amiga, a professora, ou os pais. O problema é quando insistimos em atrelar a necessidade da "conquista" ao nosso comportamento na empresa.

Na empresa, em geral, recebemos sinal verde para ir em frente porque o trabalho é merecedor, e não por causa do comportamento. Às vezes, a pessoa que te disse um "sim", nem te conhece pessoalmente.

Os colegas de trabalho não são nossos amigos, nem nossa família. Não os escolhemos e não importa de quem gostamos. Simplesmente precisamos trabalhar com eles. Conheço inúmeros profissionais bem-sucedidos que se recusam a ter contato social com os colegas de trabalho.

Muitas mulheres nem sempre entendem como uma pessoa, com a qual não têm relacionamento pessoal, pode respeitá-las. No mundo corporativo o que vale é competência e trazer bons resultados e ponto final.

Empregar esse estilo mais direto, valorizado no mundo corporativo, pode bater de frente com tudo o que muitas mulheres consideram natural, mas quanto mais você praticar em não levar as coisas para o lado pessoal, mais naturais elas ficarão.

As habilidades femininas nos relacionamentos humanos são valiosas para as empresas, e saber o ponto de equilíbrio entre relacionar-se bem e manter-se focada no resultado, trabalhando com qualquer pessoa (independentemente de gostar delas, ou não), pode ser o segredo para o sucesso. Levar as coisas para lado pessoal é receita infalível para o fracasso.

Chorar no trabalho é sinal de fraqueza?

A maioria dos profissionais acredita (e pesquisas indicam) que não é uma boa ideia chorar no trabalho. Pode evidenciar um perfil comportamental nada desejado: o de um profissional fraco, que não "aguenta pressão" ou, até mesmo, desequilibrado. E ninguém quer isso para sua carreira.

Neste artigo quero propor uma nova perspectiva sobre este grande paradigma que ainda permeia as relações corporativas. Mas, antes, quero enfatizar que, indiscutivelmente, manter-se calmo e tranquilo sob as mais variadas circunstâncias, é fundamental para uma trajetória de sucesso na carreira de qualquer profissional, pois suas reações serão sempre de bom senso e prudência.

Uma emoção é só uma emoção, e está presente em todo ser humano. Move homens e mulheres e influencia em todas as decisões que tomamos. Isso não significa que ela tenha que te controlar. As emoções sempre estarão presentes conosco e ficam melhores, se soubermos administrá-las.

Assim como a alegria, risada, entusiasmo e empatia são algumas das emoções valorizadas nas empresas, por que o choro não pode ser válido?

Quem nunca ficou nervoso no trabalho?

Existe muito julgamento negativo sobre o choro no trabalho. E vou além. Esse julgamento acontece porque a maioria das pessoas não sabe lidar com as emoções no trabalho. Não sabem como agir quando veem o outro chorar na sua frente e, por não saberem lidar com a situação, a tendência é julgar negativamente.

Pense bem, chorar na frente dos colegas e do chefe não é algo que planejamos, mas, nas raras ocasiões em que me senti realmente frustrada ou, pior, traída, fiquei com os olhos cheios de lágrimas. Mesmo hoje, mais experiente na minha carreira, volta e meia isso ainda acontece.

Não é fácil ver os outros olhando para você enquanto se está exposto, mas chorar por qualquer coisa também não ajuda. Para verificar seu equilíbrio emocional, faça uma análise da frequência *versus* motivo que o choro acontece na sua vida. Se a frequência for intensa e por muitos motivos diferentes, comece a repensar sua forma de reagir às situações, pois a verdade é que o choro recorrente pode afetar negativamente a forma como as pessoas te veem profissionalmente.

Talvez um dia não se considere mais que chorar no trabalho seja um sinal de fraqueza, ou uma situação constrangedora, e que isso seja tomado como simples manifestação de uma emoção autêntica. E talvez a compaixão e a sensibilidade venham a nos tornar profissionais mais naturais, no futuro.

Enquanto isso, todos podemos acelerar essa mudança nos empenhando, daqui para a frente, a nunca mais dizer (e desafio a nem pensar) as seguintes frases julgadoras que ainda ouço por onde passo:

"Chefe cobra tanto fulano que ele não aguentou, chorou"

"Chorar é coisa de gente fraca"

"Fulano é muito sentimental, não aguenta pressão"

"Não aperta o beltrano que ele espana"

"Eita mulherzinha frágil"

"Que ridículo chorar na frente do chefe"

Lágrimas podem acontecer a qualquer momento, portanto, se não quiser ser julgado, pare imediatamente de fazer isso com os outros. Partilhar as emoções ajuda a construir relações mais profundas.

Sucesso na carreira significa adiar a maternidade?

E lá vamos nós falar de gênero no trabalho mais uma vez.

Vocês já devem ter visto nos noticiários que as empresas gigantes do ramo tecnológico declararam que vão pagar pelo congelamento de óvulos das funcionárias que desejarem adiar a maternidade.

O que podemos dizer a respeito deste novo benefício oferecido por essas empresas? Trata-se de uma evolução da forma como vivemos hoje, ou propagação de uma vida louca corporativa, que não sabemos ao certo aonde vai parar? Confesso que ainda não tenho essa resposta, mas temos alguns fatos importantes a discutir e refletir sobre essa temática tão relevante e polêmica.

A realidade é que a maternidade ainda continua sendo um grande desafio para muitas mulheres que trabalham e que buscam posições de destaque nas organizações. Quando a carreira começa a crescer, o relógio biológico informa que está na hora de se tornar mãe.

A medicina diz que o ideal é que as mulheres tenham filhos aos vinte e poucos anos, mas, vamos ser realistas: nessa fase, dos vinte aos trinta anos, são poucas que conseguem conciliar uma carreira de grandes responsabilidades com a maternidade.

As poucas mulheres que conseguem ter uma boa estrutura de apoio contam com a ajuda dos pais, escolinha, babá etc. Isso custa muito caro! Nem todas possuem tal condição financeira nessa idade. Afinal, esse período é a fase de maior "ralação" profissional. Normalmente, após os trinta anos, as mulheres que começaram a trabalhar cedo (desde a faculdade) estão colhendo os frutos de uma vida profissional de sucesso.

Então, vamos analisar a opção de congelar óvulos, oferecida por essas empresas, sob dois aspectos:

Se o objetivo da empresa ao oferecer esse benefício é para que a funcionária não sofra com tamanha pressão do relógio biológico, tenha mais liberdade de escolher o momento certo para ter seus filhos e não seja penalizada na carreira por isso. Então, considero esse benefício algo fantástico e excelente.

Mas, se o objetivo da empresa ao oferecer congelamento de óvulos for uma forma de pressionar a mulher para que trabalhe mais tempo e, obrigatoriamente, só venha a ter filhos com mais idade, então já não acho uma boa ideia.

Não temos como saber as reais intenções da empresa com esse benefício. Se boas, ou não, dependerá da forma como nós mulheres vamos lidar com essa situação. Minha recomendação é que usem esse benefício a seu favor e jamais percam a noção de que têm total liberdade para optar pela maternidade, no momento que desejarem.

Pois é mulherada, eu, que também compartilho desse dilema, alerto que qualquer decisão envolverá um risco. Por isso, é importante que possamos trazer à tona essa questão para refletirmos sobre o nosso papel, os nossos objetivos de vida, ampliarmos a nossa visão de mundo e escolher aquilo que realmente importa.

Pensem nisso.

Quanto machismo há na sua empresa?

Surge nos Estados Unidos o primeiro índice para mostrar o grau de desigualdade entre mulheres e homens nas grandes companhias. Eu fiz o teste e achei interessante para avaliarmos como é o ambiente de trabalho, e se as mulheres sofrem algum tipo de discriminação relacionada ao gênero.

O mais interessante é que a pesquisa busca mostrar como as mulheres se sentem em relação às políticas que são aplicadas em suas empresas. Por exemplo: se uma empresa oferece X semanas de licença-maternidade, mas as mães se veem pressionadas a voltar a trabalhar antes do tempo previsto, há um problema.

UP - 50 DICAS PARA DECOLAR NA SUA CARREIRA

O site é novo e coleta dados de empresas pelo mundo, há menos de 1 ano. Não encontrei nenhuma empresa brasileira cadastrada, por isso gostaria de repassar algumas das perguntas contidas no questionário, assim, cada profissional poderá avaliar quanto machismo há em sua empresa:

1 - Existem condições adequadas para conciliar a maternidade e o trabalho?

2 - Há mulheres em posição de direção na cúpula da empresa?

3 - Quais são suas chances de se tornar uma líder na empresa?

4 - Existe estrutura de creche e sala de amamentação na sua empresa?

5 - Existe política de horário flexível? Você pode trabalhar em qualquer horário, desde que seu trabalho seja feito?

6 - Existe a possibilidade de trabalho remoto?

7 - Existe política de benefícios flexíveis para mulheres?

8 - O plano de benefícios de sua empresa inclui iniciativas como descontos em academias e supermercados de comidas saudáveis?

9 - Você sente que existem oportunidades iguais para homens e mulheres?

10 - Os salários são compatíveis entre profissionais do mesmo nível hierárquico?

O teste está aberto ao público: acesse *www.inhersight.com* e cadastre sua empresa. O mecanismo para participar é simples e não leva mais de cinco minutos. Basta entrar no site e responder a uma série de perguntas marcando, numa escala que vai de 1 a 5 estrelas, como são as práticas aplicadas em sua empresa nos itens acima mencionados.

A intenção do projeto não é oferecer resultados estatisticamente perfeitos, e sim, gerar um necessário debate social sobre a igualdade no trabalho. Uma forma inteligente de incentivar as empresas a melhorarem suas políticas e empregarem os meios necessários para acabar com práticas sexistas e discriminatórias.

18

Você sabe o que é *manterrupting, bropriating, mansplaining e gaslighting?* Palavras em inglês, mas com significado universal: machismo para calar sua voz!

É fato que existem alguns comportamentos machistas que permeiam o nosso cotidiano e sequer nos damos conta. Gestos que parecem inofensivos, disfarçados de piadas, mas que, na verdade, roubam nossa força, nosso espaço e limitam as possibilidades das mulheres.

Quero mostrar quatro comportamentos machistas

batizados em inglês, sem tradução oficial, mas com significado único em qualquer idioma: atitudes machistas para calar a voz feminina:

1 – Sabe quando uma mulher não consegue concluir sua frase, ou expor seu ponto de vista, porque é constantemente e desnecessariamente interrompida pelos homens ao redor? Esse é um comportamento muito comum em reuniões e palestras mistas, uma falta de educação masculina chamada de *manterrupting*. A palavra é uma junção de *man* (homem) e *interrupting* (interrupção). Em tradução livre, significa "homens que interrompem".

Dica PARA REVERTER A SITUAÇÃO

Seja enfática e assertiva e diga: *"gostaria de terminar meu raciocínio"*; *"se me deixar terminar, irá entender"*; ou até mesmo para aqueles que querem ganhar no grito: *"com licença, eu ainda não terminei"*.

2 - Quando expomos uma ideia, muitas vezes não somos ouvidas. E então, um homem assume a palavra, repete exatamente o que dissemos e é aplaudido por isso. Quem já não se viu nesta situação?

O termo *bropriating* é uma junção de *bro*, abreviatura de *brother* (irmão, mano) e *appropriating* (apropriação) e se refere a quando um homem se apropria da ideia de uma mulher e leva o crédito por ela, em reuniões.

Em seu livro *Faça Acontecer*, Sheryl Sandberg explica que somos criadas para sermos delicadas, suaves e gentis, jamais para sermos enfáticas ou assertivas. E quando nos impomos, somos vistas como masculinizadas. Não há dúvidas de que isso atrapalha nossa vida profissional. E esse comportamento não é privilégio de algumas áreas. Em todos os mercados funciona assim, em qualquer sala de reunião. O *bropriating* ajuda a explicar porque existem tão poucas mulheres nas lideranças das empresas.

Dica **PARA REVERTER SITUAÇÃO**

Seja dona da sua ideia! Assertividade é a competência fundamental para sobreviver no mundo corporativo.

3 - Às vezes, um homem dedica seu tempo para explicar a uma mulher como o mundo é redondo, o céu é azul, e 2+2=4. E fala didaticamente, como se ela não fosse capaz de compreender. Afinal, é mulher... Isso é *mansplaining*. O termo é uma junção de *man* (homem) e *explaining* (explicar).

O *mansplaining* também pode servir para um homem explicar como você está errada a respeito de algo sobre o qual você de fato está certa, ou apresentar "fatos" variados e incorretos sobre algo que você conhece muito melhor que ele, só para demonstrar conhecimento.

A verdadeira intenção do *mansplaining* é desmerecer o conhecimento de uma mulher. É tirar dela a confiança, a autoridade e o respeito sobre o que ela está falando. É tratá-la como inferior e menos capaz intelectualmente. Talvez você não tenha percebido isso de forma tão explícita no seu cotidiano, mas, com certeza, agora irá prestar atenção na maneira como o seu chefe, ou seu marido, falam com você. Nos elogios desnecessários ou idiotas que você recebe, nas mensagens bobas de parabéns pelo Dia da Mulher. Está tudo lotado de *mansplaining*.

Dica **PARA REVERTER SITUAÇÃO**

Faça as perguntas: *"deixa eu ver se entendi: você está explicando esse assunto novamente para mim? É isso mesmo?"*.

Às vezes, fico olhando bem nos olhos do homem e dou um tempinho em silêncio logo após sua "explicação" e dou uma risadinha. Isso geralmente o deixa muito sem graça.

O silêncio é poderoso.

4 - Aposto que vocês já ouviram frases do tipo:
"Você está exagerando!"
"Nossa, você é sensível demais!"

"Para de surtar!"
"Você está delirando..."
"Cadê seu senso de humor?"
"Não aceita nem uma brincadeira?"
E o mais clássico: *"Você está louca!"*.

Isso é *gaslighting*, uma violência emocional por meio de manipulação psicológica, que leva a mulher e todos ao seu redor a acharem que ela enlouqueceu, ou que é incapaz. É uma forma de fazer a mulher duvidar de seu senso de realidade, de suas próprias memórias, percepção, raciocínio e sanidade. Esse comportamento afeta homens e mulheres, porém, somos vítimas culturalmente mais fáceis.

O termo *gaslighting* surgiu por causa de um filme de 1944, em que um homem descobre que pode tomar a fortuna de sua mulher, se ela for internada como doente mental. Para isso, ele começa a desenvolver uma série de artimanhas – como piscar a luz da casa, por exemplo – para que ela acredite que enlouqueceu.

Dica **PARA REVERTER SITUAÇÃO**

Esse é o mais complicado, pois trata-se de relacionamentos tóxicos. Terapia é uma boa alternativa para entender melhor sobre os nossos relacionamentos e como nos livrarmos desse padrão de comportamento.

Manterrupting, bropriating, mansplaining e gaslighting. Saber que esses problemas existem já é parte importante da solução. Estar atenta aos pequenos gestos cotidianos e transformá-los pouco a pouco, farão a sua vida e de muitas mulheres, melhor.

19

Sentindo-se uma fraude! Mulheres e a síndrome da impostora

Peça a um homem para explicar seu sucesso e normalmente ele o atribuirá às suas próprias capacidades e qualidades inatas. Façam a mesma pergunta a uma mulher e ela atribuirá seu sucesso a fatores externos, insistindo que se saiu bem porque *"realmente me esforcei muito"*, *"tive sorte"*, ou *"recebi ajuda de outras pessoas"*.

Homens e mulheres também dão explicações diferentes para o fracasso. Um homem, quando fracassa, aponta fatores como *"não estudei o suficiente"*, ou *"o assunto não me interessava"*. Já a mulher, quando fracassa, tem uma tendência maior a acreditar que foi por causa de uma incapacidade intrínseca.

Muitas pessoas – principalmente as mulheres – se sentem uma fraude quando são elogiadas pelo que fazem. Em vez de se sentirem merecedoras de reconhecimento, sentem-se indignadas e culpadas, como se tivesse ocorrido um engano. Apesar de terem realizado grandes feitos e até serem referências em suas áreas, parece que as mulheres não conseguem se libertar da sensação de que é só uma questão de tempo e serão desmascaradas, mostrando o que realmente são: impostoras, com capacidades ou qualificações limitadas.

Esse fenômeno, de se sentir atormentada pela dúvida em relação a si mesma, tem um nome: **síndrome do impostor**. Homens e mulheres são suscetíveis à síndrome, mas as mulheres têm propensão a senti-la com maior intensidade.

Você já teve pensamentos do tipo: *"meu Deus, eu sou uma fraude! Vão me descobrir!"*

O problema é que as mulheres aprendem desde cedo que serão recompensadas com boas notas, aprovação dos pais e a atenção do professor. Por sermos boas alunas, por fazermos o dever de casa, sempre estamos preparadas quando nos chamam. Mas no mundo corporativo o jogo não tem essa "regra".

Entramos no local de trabalho convencidas de que a única maneira de seguir em frente é dominar o assunto sob todos os ângulos. Achar que sabe tudo sobre o assunto, significa que você não tem que se preocupar em ser pega de surpresa. Mas, tem seu lado negativo: ninguém sabe absolutamente tudo! Um colega pode acabar fazendo uma pergunta que você não conseguirá responder. E, quando esse momento chegar, você vai desconfiar que é uma impostora.

Daí vem a terrível sensação, pela qual passam mulheres inteligentes e dedicadas, de que o sucesso é acidental. Essa *síndrome da impostora* nos leva a viver o temor constante de que seremos descobertas, de que nossas inadequações serão expostas em público e de que seremos humilhadas, rebaixadas e até demitidas.

A verdade é que todos somos impostores! Todos nós, homens e mulheres. Ninguém conhece absolutamente tudo. Aceite o fato de que ninguém pode dizer com toda sinceridade que sabe tudo sobre um determinado assunto, ou que jamais será pego de surpresa, ou que não pode ser substituído por alguém mais talentoso. Por isso, em vez de se concentrar no que não sabe, se concentre em seus conhecimentos e se proponha a aprender mais e mais ao longo do caminho.

Que tal substituir o papel de impostora pelo de autoconfiante? Mesmo que esteja pisando em território novo, saiba que você não estaria ali se não fosse competente e capaz.

Confie em você mesma!

20

Uma carta para seu chefe machista

E screvi uma carta com base nos relatos que recebo de muitas mulheres executivas e que deveria ser enviada para todo chefe que insiste em dizer: "não sou machista":

Caro chefe,

Fui contratada para cuidar das necessidades que a empresa considera urgentes. Vocês tomaram a decisão de me contratar porque chegaram à conclusão de que precisavam de alguém com minha competência e experiência e eu fui a pessoa mais indicada, dentre tantas outras.

Você me contratou para fazer um excelente trabalho, porém, mais importante que isso, você me contratou para pensar, usar meu discernimento e agir segundo o interesse da empresa, em todos os momentos. Portanto, peço que me veja como profissional, independentemente do gênero, cor, raça ou sexualidade.

Um conjunto de comentários machistas torna "pesado" um ambiente que não é frequentado só por homens. Ouvir piadinhas pelos corredores tais como: "capricha no decote para ganhar o cliente"; "aproveita que está de saia e peça o que quiser"; "além de inteligente, é bonita", e outros similares, não soam nada agradável aos meus ouvidos.

Minhas conquistas profissionais também não dependem do status do meu relacionamento. O fato de estar solteira, ou divorciada, não dá a ninguém o direito de me atribuir o rótulo de "encalhada, mal-amada, infeliz" e afins. Ter alcançado um cargo estratégico e especial, também não significa que foi em decorrência de ter "dormido" com alguém da empresa.

Entendo que são comentários "inofensivos" e veja bem, o fato de escrever sobre eles, não indica que perdi meu senso de humor, que sou politicamente correta, muito menos que sou "sensível demais", ou estou na TPM, ou sou chata, mal-comida, mal-amada ou exagerada (esses pensamentos também têm cunho machista). Significa que chegou o momento de encararmos que o machismo ainda está enraizado na empresa e que precisamos crescer de uma vez por todas.

Ter atitudes e pensamentos machistas não significam que você seja uma pessoa horrível, mas, saiba que está reproduzindo o que nossa sociedade tem como norma e está na hora de prestar atenção nisso para não repetir. É um longo processo de desconstrução. Vai ser chato, mas tem que acontecer.

Não quero ser cortada do processo seletivo para uma promoção a um cargo de maior responsabilidade porque talvez, num futuro próximo, eu queira ser mãe. Também quero ajuste salarial adequado. Afinal, não é justo que as mulheres ganhem 30% a menos que os homens, desempenhando a mesma função e atingindo as mesmas metas.

Meus filhos e minha família sempre virão em primeiro lugar. Isso não quer dizer que não me preocupe com a empresa. Quer dizer que, em alguns momentos, precisarei de flexibilidade de horário. Quero que entenda que ser flexível com as pessoas no trabalho não muda o resultado final. Continuarei fazendo o meu trabalho com excelência e assim terá a chance de confirmar que fez uma boa escolha ao me contratar.

Sim, chefe, eu menstruo todo mês e, às vezes,

UP - 50 DICAS PARA DECOLAR NA SUA CARREIRA

tenho cólicas terríveis! Cuido-me e tomo medicação, e isso altera meu humor. Veja bem, você também altera o seu humor inúmeras vezes – até com mais frequência do que eu – e isso é visto como "normal", ou "hoje não é um bom dia para falar com o chefe". Entenda que se trata apenas de um aspecto fisiológico da mulher, não de um "problema" a ser resolvido.

O importante é que você, como um bom gestor de pessoas, atento às diferenças e respeitando nossas individualidades, consiga que rendamos o máximo, de modo a sermos produtivos e felizes no ambiente corporativo.

Além disso, há um entendimento da maior importância no exercício da liderança, que você precisa ter sempre em mente, quando se tem homens e mulheres trabalhando em seu time: "em se tratando de competência e desempenho, não há diferença de gênero; somos iguais".

O mercado de trabalho é de quem comprova competência!

Ponto final.

Atenciosamente,

A profissional de sua equipe

LÍDERES

Apresentação

Tem dias que parece que a gente leva um soco no estômago...

Eu tenho lido muito, por dever de ofício, sobre liderança e gestão de pessoas. Afinal, trabalho com esses temas, tanto na academia, quanto nas empresas em que atuo como consultor, ou onde vou para dar uma palestra. Arriscaria dizer que todos os grandes autores já passaram por meus olhos.

Li biografias, escrutinei pesquisas, acompanhei teses, considerei pensamentos originais, sempre com a intenção de me aprofundar e melhorar minha capacidade de compreender a miríade de detalhes que compõem a relação entre um líder digno do nome e seus seguidores.

Descobri que líderes são aqueles que criam cenários

futuros e os compartilham com outras pessoas, que passam a ser também donas daqueles sonhos, e então todos se empenham em realizá-los. Para isso, dizem os especialistas, os líderes, além de visionários, devem ter a capacidade de pensar estrategicamente, além de serem dotados de uma imensa força moral capaz de mobilizar as pessoas.

Então é assim, as competências de um líder podem ser divididas em dois tipos: as ligadas aos objetivos do negócio, e as que lhe permitem comunicar e mobilizar as pessoas. Business and people. OK, então...

Mas, como é mesmo que se desenvolve essas qualidades fantásticas? Basta ler o manual? Assumir o cargo? Mandar fazer um cartão pomposo? Quem sabe, usar uma gravata nova...

Não, caro amigo. Liderança não é cargo, não é titulo, nem é algo que se aprende uma vez e pronto. Por isso o soco no estômago... Depois de tantas leituras, cursos, seminários, observações criteriosas, vem a Daniela do Lago e me joga no colo mais dez tópicos essenciais.

Começa deixando claro que sem inteligência emocional não tem como ser um líder. Depois alerta para você tomar cuidado ao tentar ter prestígio, pois pode apenas estar sendo popular; pergunta se você contrataria o seu chefe; se você sabe quando deve parar de insistir e simplesmente desistir; pede que você retire a ironia de sua comunicação, e termina sugerindo que você escreva uma carta para o funcionário que acaba de contratar, deixando claro qual é o contrato social entre vocês.

Todos são temas essenciais, me dei conta. Definitivamente, liderança é bem mais do que desenhar estratégias e cobrar resultados das equipes. A quantidade de detalhes relacionais me faz pensar se algum dia poderei realmente dizer que entendo, de fato, de liderança.

Vou continuar lendo sobre o assunto. Felizmente, de tempos em tempos, alguém como a Daniela do Lago resolve colocar mais ingredientes nesse prato que não deve ser comido rápido, pois poderá estar frio e sem tempero. Leia estes dez capítulos devagar, degustando... e depois pense em como dar sua própria contribuição.

Eugenio Mussak

21

Como anda sua inteligência emocional?

A inteligência emocional continua importante no mercado de trabalho desde sua descoberta científica, quando Daniel Goleman a colocou em pauta, em 1995.

É bem verdade que, tanto a habilidade técnica, quanto a habilidade comportamental, são importantes para o sucesso na carreira de qualquer profissional. Mas, sem dúvida, o fator que impulsiona ou freia a carreira, é a habilidade comportamental.

Até há pouco tempo, ser um especialista de qualquer habilidade técnica garantia um trabalho e, até mesmo, segurava um profissional na empresa. Na verdade, muitos cargos de liderança ainda hoje são ocupados porque alguns profissionais são excelentes técnicos e, devido a esse destaque, são promovidos ao posto de líder da equipe.

UP - 50 DICAS PARA DECOLAR NA SUA CARREIRA

Hoje tudo mudou. O mercado de trabalho global vem exigindo mais do exercício da liderança e, até mesmo, de qualquer candidato a emprego. E os melhores empregadores do mundo não são apenas os mais exigentes – estão em busca dos melhores graduados que também sejam fortes em inteligência emocional.

Claro que o alto desempenho na vida acadêmica ainda importa. Mas, ter habilidades interpessoais é o diferencial. O que vocês precisam agora é de inteligência emocional! Para se ter uma ideia, a *Universidade Americana de Administração Yale* acrescentou um teste de inteligência emocional ao seu processo de admissão acadêmica.

E como anda a sua inteligência emocional?

Como acontece com o QI, existem diversos modelos teóricos de inteligência emocional. O que vou apresentar a seguir, trata-se do modelo desenvolvido por Daniel Goleman, que irá ajudá-lo a refletir sobre seu próprio conjunto de forças e limites em inteligência emocional. Não se trata de um "teste", mas de uma "amostra" para fazê-lo pensar sobre suas próprias competências:

1 – Você costuma estar consciente de seus sentimentos e por que se sente assim?

2 – Você está consciente de suas limitações, bem como de suas forças pessoais, como um líder?

3 – Você consegue lidar bem com suas emoções negativas – por exemplo, recuperar-se rapidamente quando do fica contrariado ou tenso?

4 – Você consegue se adaptar facilmente a realidades em mudança?

5 – Você mantém o foco em seus objetivos principais e conhece os passos necessários para chegar lá?

6 – Você, normalmente, consegue perceber os sentimentos das pessoas com quem interage e entender suas formas de ver as coisas?

7 – Você possui um dom para a persuasão e para usar a sua influência com eficácia?

8 – Você consegue conduzir uma negociação a um acordo satisfatório e ajudar a dirimir conflitos?

9 – Você trabalha bem em equipe, ou prefere trabalhar sozinho?

O ideal é que respondam "sim" para todas as questões do teste. A inteligência emocional não pode ser comprada, terceirizada ou até mesmo ensinada. Não é de fora para dentro, e sim, de dentro para fora. Não está atrelada à idade cronológica, tampouco à experiência profissional.

E a boa notícia é que as competências de inteligência emocional podem ser aprendidas e aperfeiçoadas. Tudo depende da sua escolha e disposição em desenvolvê-las. Para garantir sua empregabilidade no mercado de trabalho e exercer uma boa liderança, só é preciso ter foco para desenvolver, cada vez mais, sua habilidade comportamental.

Comece hoje seu processo de desenvolvimento!

22

Você trabalharia com alguém como você?

Quantos de vocês já reclamaram da empresa onde trabalham?

Existem pessoas que passam o dia inteiro no trabalho reclamando da empresa e culpando-a por todos os seus problemas. Dizem frases do tipo: *"Na minha empresa existem problemas que nenhuma outra tem. Você só vai acreditar se trabalhar aqui um dia. Por isso não consigo progredir, nem utilizar todo o meu potencial"*. Colocam toda a culpa no ambiente e nos outros. Quando questionados sobre suas ações, sobre o que têm feito no trabalho para mudar essa realidade tão dura, muitos respondem que *"Só conseguirão fazer algo, quando assumirem um cargo de maior responsabilidade"*.

Muitos ainda dizem: *"Quando eu assumir um cargo de liderança, então farei isso ou aquilo".*

Essas pessoas estão vivendo no pensamento e não na ação. Pensam que serão promovidos, mas perdem as oportunidades do dia a dia de construir esse sonho. Pensam que poderiam melhorar o clima entre as pessoas na empresa, mas não fazem nada para criar essa boa energia. Pensam em ter dinheiro, mas esquecem de poupar.

Lembre-se: o mundo corporativo não premia o pensamento, premia a ação. De nada adianta você dizer que sabe de algo, se não colocar em prática. Jamais irá colher bons resultados.

SABER E NÃO FAZER, AINDA É NÃO SABER!

Em todos os meus trabalhos com treinamentos e palestras, peço para o público que levantem a mão aqueles que trabalham com uma pessoa tida como de "difícil relacionamento". Todos erguem seus braços. E quando pergunto: *"Quem daqui é essa pessoa de difícil relacionamento?"* Raridade alguém levantar a mão, reconhecendo suas limitações.

Até hoje não fui apresentada a esse profissional de "difícil relacionamento", assim como nunca encontro o fofoqueiro nas empresas. Todos sofrem com eles no dia a dia, mas será que essa pessoa "do mal" é sempre o outro? Nunca somos nós?

O profissional difícil fica sempre na defensiva, é reativo, tem baixo nível de autoconhecimento. E veja bem, qualquer um, em um momento de incerteza, pode se tornar um profissional assim.

O objetivo deste artigo é despertar em você a autorreflexão, sobre como tem tratado sua vida pessoal e profissional, sobre como você se projeta na sua empresa.

Coloque suas ideias em ação! Apresente e colecione bons resultados. Pare de gastar seu tempo procurando desculpas sobre o porquê não foi feito. Os profissionais de sucesso compreendem que é inútil *desejar* que qualquer dia seja diferente. Melhore suas tarefas no trabalho, ao invés de lamentar cada dia. Cada um de nós é que deve tornar o seu próprio dia o mais especial possível.

Por mais simples que pareça, colocar em prática todas as suas boas ideias, pode fazer uma diferença substancial na postura que você assume no trabalho, ou em toda a sua vida. Simplesmente pense, se você despertar todos os dias da semana com esta atitude, *"vou tornar este dia o mais positivo e maravilhoso que puder"*, ficará surpreso com a redução do seu nível de estresse. Essa simples mudança de atitude é extremamente valiosa para alcançar vivências mais positivas, tanto na vida, quanto no trabalho.

23

Uma carreira de sucesso não se constrói na velocidade 4G: popularidade pode prejudicar sua carreira

"**A** popularidade é a prima promíscua do prestígio."

É com esta frase extraída do filme *Birdman*, que começo a escrever este artigo.

A percepção da imagem profissional se constrói através de três pilares: a forma como você se vê; a forma como os outros te veem; e aquela imagem que gostaria de transmitir. Já aconteceu com você, depois de algum tempo que uma pessoa te conhece um pouco mais, ela dizer: *"a primeira vez que eu te vi, achei que você era tão..., mas na verdade você é..."*. Se já ouviu isso, o impacto que estava gerando nas pessoas não estava alinhado com sua verdadeira essência.

A exposição excessiva – e muitas vezes inconsequente – nas redes sociais, está levando muita gente a tropeçar na carreira e perder oportunidades no trabalho. Com essa necessidade de sentir-se popular, alguns profissionais estão manchando suas carreiras, pelo simples fato de não saberem a diferença crucial entre ser popular e ser admirado na vida profissional.

Qualquer pessoa pode ser popular, basta aparecer. É um direito dado a qualquer um que realiza uma proeza, tanto positiva, quanto negativa. A fama simplesmente destaca um fato, e não necessariamente está ligada a um sentimento de admiração ou estima.

A admiração e o prestigio, por sua vez, só podem ser alcançados pelo reconhecimento de qualidades, requer talento, resultados claros e performance de excelência.

É claro que este artigo está direcionado a quem trabalha em empresas, prestadores de serviços e profissionais liberais, para aqueles que vivem no mundo corporativo e de negócios, lutam todos os dias por cargo e salário melhores e desejam aprender e crescer profissionalmente. Portanto, se você se enquadra nessa categoria, aí vão algumas dicas para não deslizar, mas decolar na carreira:

Dica 1 — UMA CARREIRA DE SUCESSO NÃO SE CONSTRÓI NA VELOCIDADE 4G

Se você deseja ser admirado e ter prestígio, tenha consciência de que isso levará tempo. Sua carreira será construída durante um longo período e é importante que suas ações sejam congruentes durante essa caminhada, ou seja, suas atitudes devem ser compatíveis com a imagem que deseja transmitir.

Dica 2 — NEM TODA EXPOSIÇÃO É POSITIVA

É importante que tenha em mente que ser viral nem sempre significa sucesso no mundo corporativo. Percebi, nos processos de *coaching*, que vários profissionais talentosos e com grande potencial não entendiam o porquê de suas carreiras não decolarem. Ao investigar melhor, perceberam que estavam mostrando algo que confundia, arranhava e contradizia a imagem de profissional confiável que sua carreira exigia. Por esse motivo não eram promovidos na empresa, não vendiam mais e até seu negócio não prosperava na proporção que poderia.

Dica 3 — SIGA A REGRA DE OURO: ESTÁ NA DÚVIDA SE DEVE OU NÃO POSTAR, ENTÃO A RESPOSTA É: NÃO POSTE!

Antes de expor algo nas redes sociais, a pessoa tem que pensar se realmente quer que aquilo seja de conhecimento público.

É algo que vai te ajudar na construção da carreira? Depois que vai para a internet, não tem volta. E, muitas vezes, um comentário desnecessário, ou uma foto que não devia estar ali, podem causar um grande estrago na vida pessoal, sua ou de outras pessoas.

Prefira construir uma carreira admirável e a popularidade virá como consequência. É possível ser admirado e popular, e esse prestígio construído é tão poderoso que, mesmo com um deslize na vida, sua carreira ficará intacta. A popularidade por si só é vazia e passageira. A admiração é duradoura.

Considerando tudo o que abordamos, como você tem cuidado de sua imagem profissional? Qual rastro você tem deixado em sua carreira?

24

Paquera e sexo casual com colegas de trabalho. Será que vale a pena?

Prestem atenção que estou colocando sexo "com" colega de trabalho e não "no" trabalho. Isso jamais!

Uma das atividades que gosto de fazer é ler os e-mails dos meus leitores que compartilham comigo suas histórias, dilemas e dúvidas sobre carreira e trabalho. Recebi alguns relatos sobre relacionamentos que me inspiraram a escrever este artigo.

Demonstrações de afeto e sexualidade no ambiente de trabalho não combinam. É preciso seriedade e profissionalismo. No entanto, quando você passa grande parte do seu dia no escritório, passa a ter relações mais estreitas com as pessoas, o que facilita o envolvimento. Quem nunca se sentiu atraído por um colega de profissão?

As histórias são mais comuns do que se imagina, mas não é tão simples assim, é preciso ter cuidado com a paquera e o sexo no trabalho, pois todos sabem que não é o local mais adequado para se envolver com alguém.

Há os que defendem que se deve ter a atitude madura de separar vida pessoal e profissional. Na teoria tudo funciona, mas na prática a realidade é outra.

Recebi o relato de Ana (nome fictício), que saiu uma vez com um colega de trabalho. Ao descobrir que esse colega convidou outra pessoa da empresa para um encontro, num ataque de fúria, após o expediente, invadiu a sala do colega, derrubou as pastas do armário e misturou todos os papéis, desorganizando os processos dos clientes da empresa.

Também li o relato de Caio (nome fictício) que confessou, como forma de "punição", não autorizar um curso no exterior para a colega de trabalho com quem saiu uma vez no passado, pelo fato dela estar envolvida com outra pessoa da empresa.

O detalhe que ambos descreveram em seus relatos, era que esses relacionamentos se tratavam de *"algo de uma noite só, nada sério"*. Alguém duvida que está na hora de crescer? Mas, estamos falando do ser humano e, quando o assunto é emocional, alguns ainda tem atitudes infantis.

A situação complica ainda mais se essa paquera e

interesse sexual for pelo(a) chefe. Ah, o chefe... Enquanto muitos são odiados, outros despertam admiração e até paixões!

É importante que você entenda que essa relação será sempre desigual, uma vez que os envolvidos têm níveis diferentes de poder. É claro que, em um rompimento desse acordo, a tendência é haver prejuízo para a parte com menos poder. Pode ir procurando uma colocação em outra empresa!

Ter um caso com o(a) chefe e, ao mesmo tempo, não colocar em risco o seu futuro profissional, é quase impossível. Isso sem contar que essa pessoa será motivo de fofoca na empresa.

Só invista num possível relacionamento no ambiente de trabalho se valer muito a pena, quando tiver certeza de que quer algo mais que somente sexo casual e paquera. Pense que você terá que continuar a conviver com aquela pessoa durante o tempo que estiverem na mesma empresa.

Se sentir atraído por um colega de trabalho é normal. Mas, pense bem e seja mais racional, deixe isso no plano das ideias. Uma "paixonite" qualquer não vale mais do que uma boa reputação e a sua carreira.

25

Como seria se você pudesse definir seu próprio salário?

Muitos profissionais acreditam que a maioria dos seus problemas seriam resolvidos com mais dinheiro. Me ocorreu hoje uma questão que achei adequada para refletirmos: por que os profissionais não podem definir seus próprios salários?

O salário é o preço da força de trabalho que o empregado coloca à disposição do empregador, através do contrato de trabalho.

Eu, particularmente, sou contra o plano de cargos e salários na forma em que é concebida no mercado atual. Ao determinar salários compatíveis com cada função, cria-se um sentimento de justiça e igualdade, isto é, cada um ganhando o que merece. Isso deveria despertar um equilíbrio interno e externo nas empresas.

Será que as pessoas sentem essa igualdade? Ou melhor, será mesmo justo que seu salário seja equiparado com o colega ao lado só porque ele tem o mesmo cargo que o seu? Justo para quem? Só se for para os profissionais medíocres!

Ao meu ver, essa forma é a mais injusta que existe! Nas diversas empresas que atuo, é muito comum encontrar profissionais gerando resultados extraordinários para a empresa e ganhando o mesmo salário que inúmeros profissionais medianos.

Entendo que hoje, no Brasil, somos limitados por uma CLT que já há tempos não comporta mais a forma de trabalho que atuamos. Inclusive, minha empresa também segue tais regras, mas isso não significa que não possamos pensar a respeito.

As empresas deveriam dar atenção financeira diferenciada aos profissionais.

Gosto e apoio a remuneração por competências, em que a empresa faz a avaliação das aptidões do funcionário e dos resultados alcançados, levando em conta também a postura profissional.

Se o funcionário mostrou bom desempenho, algo além das expectativas, por que não recompensá-lo? Uma vez estabelecidas as regras do jogo, um vínculo é criado entre empresa e funcionário e o salário será recebido de acordo com a sua produção. Muitos que ainda se apoiam na ideia ultrapassada (mesmo que vigente pela nossa CLT) da tal equiparação salarial, não estão atentos no quanto suas habilidades realmente contribuem para o resultado positivo da empresa que trabalham.

Há três informações importantes que todo profissional precisa saber para definir seu próprio salário:

1 – Quanto as pessoas ganham naquela empresa?

2 – Quanto as outras pessoas ganham em empresas similares?

3 – Quanto sua empresa ganha (para saber se pode arcar com seu salário)

E aí? Quanto vale o seu trabalho? Quanto deveria receber como consequência do trabalho que desenvolve e os resultados que gera para sua empresa?

Faça uma autoanálise de suas competências, habilidades e atitudes e, claro, atrelado à sua real contribuição nos resultados da sua empresa, e calcule quanto deveria ser o seu salário.

26

Qual é o limite entre insistir em algo e desistir de vez? Três dicas práticas que podem ajudá-lo a saber o exato momento de *"let it go"* ou *"let it be"*

Como é difícil dar espaço à paciência quando a ansiedade e a incerteza tomam conta dos nossos pensamentos e das ações na direção de nossos objetivos, não é mesmo?

Qual é o limite entre insistir em algo e desistir de vez? Seja em qualquer área da sua vida: lutar para uma carreira dar certo, ou desistir e partir para um novo caminho; lutar por uma promoção na empresa, ou tentar em outro lugar; lutar pelo casamento, ou desistir e se abrir para um novo relacionamento; lutar para manter as amizades que já não têm afinidades, ou procurar novos amigos; lutar por aquele sonho ousado, ou desistir e partir para um novo sonho?

É possível saber qual o ponto exato em que devemos chegar? Se desistir de um objetivo, como saber se desistimos cedo demais? Se insistir, como saber se estamos perdendo nosso precioso tempo em algo que não vai dar em nada?

É muito difícil dar respostas pragmáticas para o título deste artigo, afinal cada caso é um caso. Antes de escrever este artigo resolvi fazer uma pequena pesquisa entre meus leitores e recebi inúmeras respostas. Alguns afirmam que devemos insistir sempre, contaram casos reais de que no momento em que tudo os levava a desistir, mantiveram-se firmes no seu propósito e alcançaram objetivos mais ousados.

Outros depoimentos incentivaram a mudança rápida, comentaram o erro de, por exemplo, investir muitos anos a espera de uma promoção que nunca chegou e quando resolveram se desapegar desse objetivo, tudo se abriu e a carreira deslanchou. Perceberam que estavam sonhando os sonhos de outros!

Como saber o exato momento de *"let it go"*, ou *"let it be"*? Em meio a este tema complexo, aqui vão três dicas que podem ajudá-lo a tomar a melhor decisão:

Dica 1 — TENHA CLARO O QUE REALMENTE QUER PARA VOCÊ

O que você quer para a sua vida? O que você quer para a sua carreira? É importante que se questione muito, e busque as respostas dos "porquês" quer alcançar esses objetivos na sua vida. Procure identificar qual experiência está buscando, ou seja, qual valor interno está em jogo, pois esta é a chave para clarear seus objetivos.

Exemplo: se o seu objetivo for assumir a presidência da empresa onde trabalha, é importante descrever a sensação que deseja experimentar naquele cargo. Essa "sensação" chamamos de *valores* que, neste caso, podem ser poder, realização, status, valorização etc. É muito importante que saiba as razões e a sensação que deseja experimentar ao alcançar aquela meta. Se não souber disso, correrá o risco de lutar por sonhos que nem são os seus.

Dica 2 — OUÇA SUA VOZ INTERNA

Alguns chamam de *"feeling"*. Muitos acreditam que é a voz de Deus que fala aos seus filhos. A voz interna é um senso inato do que é certo e o que é errado, do que contribui e o que prejudica, do que é bom e o que é mau, do que é verdadeiro daquilo que é falso.

É o sentido moral interior do certo e do errado. É a força orientadora que traz calma e paz.

No fundo, todos nós sabemos quando estamos fazendo algo certo e também sabemos quando estamos fazendo errado. Tanto é verdade que, em alguns momentos, olhamos para as decisões passadas e percebemos que já sabíamos que não dariam certo!

O parar para ouvir a voz interna de forma genuína, faz com que não tenhamos medo das informações e, assim, possamos interpretar exatamente o que está acontecendo. Não é nada fácil. É preciso praticar todos os dias, estar de mente aberta para analisar de maneira pragmática as suas ações.

Dica 3 — SAIBA DESAPEGAR E EXPERIMENTAR AS MUDANÇAS QUE FOREM NECESSÁRIAS

Tudo neste mundo tem seu tempo, cada coisa tem sua ocasião, nas atividades humanas e na esfera da natureza. Há tempo de procurar emprego, tempo para se casar, tempo para filhos, para novos amigos e há tempo também de perder.

Chega a época em que devemos abrir mão de certos compromissos e concentrar nossas energias em outras tarefas, deixando de lado o que fazíamos no passado. E é necessário que experimentemos esses momentos de mudança.

Toda atividade tem um tempo determinado, nossa responsabilidade é tomar as melhores e mais sábias decisões nesse período.

O que você faz hoje vai te deixar mais perto, ou mais longe, do seu objetivo? Se mais perto, excelente, já sabe que é o correto a fazer. Mas, se o que está fazendo hoje te deixará mais longe de sua meta, por que vai fazer? Esta é a resposta sobre o limite entre insistir em algo e desistir de vez.

Está na hora de mudar o rumo e decidir algo diferente!

27

Você contrataria seu chefe para ser seu funcionário?

Deparei-me, recentemente, com uma situação inusitada em uma das minhas empresas: meu ex-chefe estava concorrendo a um processo seletivo.

Como empresária, tenho pequenas participações societárias em diversas empresas na área de Recursos Humanos. Uma delas é uma empresa de recolocação profissional, que faz programas de avaliação de competências para grandes organizações. Assim, eles contratam profissionais extremamente qualificados para ocuparem cargos estratégicos de liderança.

Naquela semana recebi um telefonema diferente: meu ex-chefe tinha pesquisado na internet a empresa que o estava avaliando para o novo cargo. Coincidentemente, encontrou meu nome em sua pesquisa, lembrou de mim e ligou para saber mais sobre como funcionava o processo seletivo do qual ele estava participando.

Há 16 anos fui estagiária de uma grande empresa multinacional e, na época, o tive como chefe por um bom período.

Após essa conversa com o ex-chefe, lembrei-me das inúmeras insatisfações e reclamações que recebo dos meus leitores sobre o relacionamento com seus chefes. E pensei como o mundo dá voltas, o quão importante é o relacionamento interpessoal e em quanto ele pode ajudar, ou prejudicar, a trajetória de uma carreira.

O mercado de trabalho global vem exigindo mais de candidatos a empregos.

Claro que o alto desempenho no trabalho, gerar excelentes resultados e as habilidades técnicas certas ainda importam, mas, você deve ficar atento que o mundo corporativo gira também através das relações interpessoais.

Então, como andam suas habilidades interpessoais?

O habilidoso nos relacionamentos é aquele que cria empatia e transforma o ambiente em uma atmosfera agradável e amistosa. Ele demonstra que é grato às pessoas, sempre agradece e diz *obrigado* olhando nos olhos, de maneira respeitosa, e não por obrigação. O habilidoso nos relacionamentos sempre elogia as pessoas, pois sabe que receber elogios é agradável e é uma poderosa arma usada para construir uma carreira de sucesso.

Essas características cabem a todos os bons profissionais, independentemente do nível hierárquico, portanto, comece a agir agora. Observe a forma de se relacionar com todas as pessoas que cruzam seu caminho.

E se fosse você? Ajudaria o seu chefe a se recolocar no mercado de trabalho? E para quem está ocupando um cargo de chefia hoje: será que seu subordinado o contrataria para uma vaga tão importante?

Claro que não interferi no processo seletivo do meu ex-chefe. Jamais faria isso. Mas, quis saber o resultado final da avaliação feita pelas minhas sócias. Sim, meu conhecido conseguiu a vaga que ele tanto queria! Passou por méritos próprios e fiquei muito feliz por ele. Afinal, foi um dos vários chefes excelentes que tive o privilégio de conviver em minha trajetória profissional.

Não sabemos o dia de amanhã. O estagiário de hoje pode ser o chefe amanhã; seu funcionário pode se tornar responsável por uma importante decisão na sua carreira; você poderá se reencontrar com seu chefe em outra empresa. As possibilidades são infinitas, por isso é fundamental construirmos relações de respeito, transparência e confiança, independentemente do nível hierárquico, social ou financeiro.

E você?

Tem criado boas conexões por onde passa?

28

A ironia é uma péssima ferramenta para conversas na empresa

A maior fonte dos problemas gerados dentro de qualquer organização é a falta de comunicação. A comunicação é como um número de telefone: se você esquecer de discar um único dígito, ou se inverter o código de área, não completará a ligação. É preciso discar todos os números – e fazer isso na ordem certa para obter sucesso.

Em minha prática com treinamentos comportamentais ensino os profissionais a identificar e relacionar elementos para uma comunicação eficaz, para que possam tirar o melhor de cada pessoa. Existem inúmeras técnicas e ferramentas. Não é simples, mas, qualquer pessoa com boa vontade de aprender e se desenvolver, consegue aplicar e praticar. Para extrair o pior de qualquer pessoa basta usar a ironia.

Ironia é a utilização de palavras que manifestam o sentido oposto do seu significado literal. Dessa forma, a ironia afirma o contrário daquilo que se quer dizer, ou do que se pensa.

A ironia é a arte de gozar de alguém, de denunciar, de criticar, ou de censurar algo, ou alguma coisa. A ironia procura desvalorizar algo, incluindo também um timbre de voz para caracterizar melhor o ato.

Isso faz muito sentido quando duas pessoas na empresa resolvem expor suas opiniões divergentes sobre assuntos sensíveis como um erro de decisão, um problema com um cliente, problemas de relacionamento interpessoal e até conversa política. Nesse contexto, ela pode ser encarada como deboche ou menosprezo pela outra opinião.

Diante de um problema no departamento, por exemplo, ser irônico vai gerar maior confusão na empresa. Uma simples conversa como: *"Fulano, meu ponto é esse"*; *"Ah, seu ponto é esse? Quem diria, hein!"*. Qualquer modulação do tom pode ser uma afronta, pois do outro lado pode haver alguém sinceramente interessado na solução do problema. E quando a ironia se faz presente, não existe mais diálogo, apenas improdutividade e aborrecimento.

Geralmente, o profissional irônico é aquele que "pensa que sabe tudo". Ele é um especialista em exageros, meias verdades, jargões, avisos inúteis e opiniões não solicitadas. Muitas vezes essa pessoa é carismática, entusiasmada e desesperada por atenção e pode persuadir grupos inteiros de ingênuos e induzi-los ao erro.

Se você cair na tentação de discutir com uma pessoa irônica, ela pode elevar o tom de voz e se recusar a voltar atrás, até que você pareça tão bobo quanto ela.

Não use ironia, fale para ser realmente compreendido. Quando você esclarece sua intenção principal, as pessoas sabem de onde vem. Quando o que quer comunicar fica nas entrelinhas, pode resultar em mensagens truncadas. Explicar por que está expondo algo antes de realmente dizê-lo, é um modo simples de direcionar a atenção para o que deseja.

Mesmo quando escolhe bem as palavras, o tom de voz pode enviar uma mensagem positiva, ou negativa. Mensagens cujo tom de voz não combinam com as palavras, causam ruídos na comunicação. Se você perceber que está enviando uma mensagem confusa, explique o que realmente quis dizer: *"Eu sei que parecia estar ironizando, mas isso só ocorreu porque esse assunto é muito importante para mim."*

Tudo o que você diz para as pessoas pode gerar confiança, ou colocá-las na defensiva. A comunicação eficaz demanda tempo, mas é produtiva e traz melhores resultados. Tenho certeza de que até mesmo o profissional

UP - 50 DICAS PARA DECOLAR NA SUA CARREIRA

irônico quer colher bons frutos em sua carreira, não é mesmo?

Portanto, chega de ironia e vamos promover o entendimento na empresa.

29

Na hora do corte, será que você sabe como demitir? Aprenda o passo-a-passo da demissão.

A demissão faz parte do jogo corporativo. Da mesma forma que todo profissional pode ser contratado, pode permanecer no cargo – e até mesmo ser promovido –, também pode ser demitido a qualquer momento.

É bom ressaltar que a demissão não acontece, necessariamente, somente quando uma empresa passa por momentos de crise e também, nem sempre, representa algo ruim. Vejo e acompanho inúmeros profissionais cuja demissão foi o empurrão necessário para que crescessem na vida. Mas, isso é tema para outro artigo.

UP - 50 DICAS PARA DECOLAR NA SUA CARREIRA

Hoje quero falar com aquele que tem a responsabilidade de informar o profissional sobre seu desligamento. Quais são os cuidados que um líder deve tomar para que o processo de demissão fique menos traumático, tanto para quem conduz, quanto para quem irá receber a notícia.

Demitir alguém não é algo agradável a se fazer. É rara a empresa que ensina seus os líderes sobre os cuidados necessários ao conduzir esse processo. Como resultado, o líder despreparado fala o que não deveria no momento da demissão, e o demitido se sente desrespeitado, podendo até gerar uma ação trabalhista em decorrência de uma demissão mal conduzida.

Vamos esclarecer de uma vez por todas que a demissão deve ser conduzida pelo chefe direto do profissional, e não por alguém de Recursos Humanos (RH). Veja bem, a área de Recursos Humanos é fundamental para apoiar e munir de todas as informações necessárias para que a demissão seja feita de forma adequada e correta, mas quem é o responsável por conduzi-la é o líder.

Afinal de contas, se foi o líder que decidiu pela contratação daquele profissional, o líder que cobrou metas todos os dias, que deu feedback sobre o trabalho e conviveu todo aquele período na empresa, na hora da demissão é o líder que deve tomar a frente. Faz parte da atribuição de qualquer cargo de liderança.

Por onde passo, muitos líderes dizem que "não gostam" de demitir e por isso deixam a tarefa árdua para

150

a área de RH. É o pior erro que um líder pode cometer em sua carreira, pois demonstra desrespeito com o demitido.

Na minha opinião, qualquer líder que não seja capaz de lidar com essa situação delicada de demissão, deveria liberar o cargo, pois não está preparado para o exercício da liderança.

A demissão não deve ser a primeira alternativa. Ofereça um prazo para a pessoa se redimir e avise que ela estará num período de "correção". Se após esse período de ajuste, a decisão tomada for pelo desligamento, siga abaixo o passo-a-passo da demissão que o líder deverá seguir e os cuidados a tomar na hora do corte:

Passo 1

A empresa deve construir uma política clara para as demissões, para evitar as situações arbitrárias. O processo da demissão deve ser planejado detalhadamente. Neste ponto o suporte da área de RH é fundamental.

Passo 2

Nunca tome medidas precipitadas antes da demissão oficial, tais como cortar acesso do crachá de entrada na empresa, ou retirar o usuário do sistema interno da intranet. O RH deverá informar qual a data exata para a demissão e você deverá agir em conjunto. A folha de

UP - 50 DICAS PARA DECOLAR NA SUA CARREIRA

pagamento da sua empresa tem data certa para fechar o ponto, e conduzir a demissão em data diferente do que foi informado pelo RH, irá resultar em encargos extras desnecessários que sua empresa deverá pagar.

Passo 3

Evite o excesso de confiança e não deixe a informação vazar. Faça um backup de todos os arquivos do funcionário antes de comunicar a demissão. Isso é procedimento de segurança do patrimônio intelectual da organização.

Passo 4

Nunca comunique a demissão por telefone, SMS, WhatsApp, "listas", ou até telegramas. A demissão deve acontecer olho no olho, assim como ocorre na admissão.

Passo 5

Convoque o demitido para uma reunião curta, cerca de 10 minutos. Trata-se de uma reunião informativa e não de negociação. O momento de discutir, negociar e acordar novos comportamentos já aconteceu quando o líder forneceu feedbacks sobre o trabalho. Agora é só o momento de comunicar o que foi decidido.

Passo 6

Dê a notícia na parte da manhã e, de preferência, numa segunda-feira. Muitas demissões acontecem na sexta-feira e na parte da tarde. O dia da demissão será chato mesmo, independentemente de qual dia da semana. Acontece que, se conduzido na segunda, o demitido pode imediatamente sacudir a poeira e buscar oportunidades para reverter a situação, ao invés de esperar e ficar "sofrendo" o final de semana inteiro.

E por que de manhã? Porque considero uma sacanagem deixar o profissional trabalhando o dia todo e demiti-lo ao final do dia! Fale logo cedo!

Passo 7

Tenha sempre em mãos todos os cálculos necessários para informar ao demitido. O primeiro pensamento que vem à mente do demitido é saber de quanto será seu fôlego financeiro. O RH poderá fornecer todas as informações referentes ao banco de horas, férias, horas extras etc.

Passo 8

Prepare-se para administrar a reação emocional do demitido. Se ele se descontrolar, mantenha-se calmo e não tente discutir. Saiba controlar seus próprios sentimentos. Desrespeito no momento da demissão pode trazer retaliações e denegrir a imagem da empresa no mercado.

Passo 9

Explique claramente o que precisa ser devolvido e o que pode ficar com o demitido. Como acontece na partilha de qualquer divórcio, definir quem fica com os livros e quem fica com os DVDs. Pois bem, é neste momento que o chefe deve informar o que deve ser devolvido: laptop, celular, crachá, uniforme etc.

Passo 10

Reconheça o esforço e dedicação do, até então, funcionário durante o tempo de empresa e nada de elogios excessivos. Afinal, trata-se de uma demissão.

Passo 11

Esteja pronto para responder perguntas como: *"Posso voltar para a minha sala?"*. Faça um roteiro do que ele deve fazer assim que deixar a sala.

Passo 12

Faça-o assinar a documentação antes de deixar a sala. A área de Recursos Humanos é responsável por providenciar esse documento. E se o demitido se recusar a assinar, chame uma testemunha para assinar o documento.

Passo 13

Informe as pessoas da equipe imediatamente após conduzir a demissão. Impressionante o que acontece em todas as empresas por onde passo: no momento em que estiver conduzindo a demissão, ninguém do departamento estará, de fato, trabalhando! As pessoas estarão comentando e preocupadas com aquele corte e se outras demissões podem ocorrer. Comunique que houve o desligamento do profissional (não precisa entrar em detalhes do motivo), que a empresa deu toda assistência justa e que não haverá mais demissões. Assim todos poderão vivenciar o "luto" e voltar logo ao trabalho.

Passo 14

Cuide da comunicação oficial interna e externa. Informe a todos da empresa, aos fornecedores e clientes que aquele profissional não faz mais parte do quadro de funcionários e comunique o nome do novo responsável pela atividade.

Sabemos que demitir alguém não é a tarefa mais agradável na empresa, mas faz parte do jogo corporativo. Depende de você tornar a demissão um processo menos traumático. Assim como a sua empresa deve promover e valorizar quem merece e se destaca no trabalho, a demissão é uma alternativa para aqueles que não correspondem aos objetivos traçados.

30

Por que você foi contratado para trabalhar em nossa empresa? Uma carta do seu chefe para você

Realmente não é nada fácil exercer a liderança. Só sabe a complexidade da função quando se assume tal posto. Segundo minha prática, são raros os lideres preparados para assumir um cargo de liderança, antes de exercê-lo na empresa.

O chefe sempre foi o alvo certeiro da reclamação de muitos funcionários que não se esforçam para entender os dilemas e dificuldades para ajustar os interesses pessoais de cada colaborador, com os interesses da empresa.

157

Como se todos os problemas da empresa se resolvessem, se o chefe não existisse! Grande ilusão.

Segue abaixo uma carta que todo chefe deveria enviar aos seus colaboradores, para relembrá-los sobre as razões da sua contratação:

Caro empregado,

Você foi contratado para cuidar das necessidades que consideramos urgentes. Se pudéssemos deixar de contratá-lo, teríamos tomado essa decisão. Mas, chegamos à conclusão de que precisávamos de alguém com a sua competência e experiência e que você seria a pessoa mais indicada para nos ajudar.

No seu trabalho você tem muitas ocupações: responsabilidades gerais, tarefas específicas, projetos individuais e em grupo. Também tem muitas chances de se sobressair e de confirmar que nós fizemos uma boa escolha ao contratá-lo.

*Contudo, há uma responsabilidade da maior importância que, talvez, nunca lhe seja solicitada diretamente, mas que você precisa ter sempre em mente durante todo o tempo em que estiver conosco: **"Faça sempre o que tem de ser feito. Não espere que lhe peçam".***

Nós o contratamos para fazer um excelente trabalho. Porém, mais importante do que isso, nós o contratamos para você pensar, usar seu discernimento e agir segundo o interesse da empresa, em todos os momentos.

Tente fazer disso um princípio orientador no seu trabalho, uma filosofia que esteja sempre com você, guiando constantemente os seus pensamentos e ações: "Você tem a nossa permissão para agir na defesa dos nossos interesses mútuos".

Se, em qualquer momento sentir que nós não estamos fazendo a coisa certa, a coisa que você acredita que ajudaria a todos nós, por favor, diga.

Você deve emitir sua opinião, quando necessário, e declarar o que não foi declarado, dar uma sugestão ou questionar uma ação ou decisão. Importante que seja direto e diga abertamente o que pensa. É improdutivo reclamar pelos corredores e para os colegas. Isso sem contar que contamina o clima que você tanto valoriza.

Isso não quer dizer que sempre concordaremos com você, nem que mudaremos, necessariamente, o que estamos fazendo. Mas, vamos querer saber o que você acredita que poderia nos ajudar a atingir nossas metas e propósitos, e criar uma experiência de sucesso mútuo nesse processo.

Você deve tentar compreender como, e porque, as coisas são feitas como são, antes de tentar mudar o processo de trabalho existente. Tente trabalhar com o que já está consolidado, em primeiro lugar, mas fale quando achar que os sistemas devem ser mudados.

Quero que entenda que nossa relação trabalhista é de troca, em que, a minha parte é servi-lo para que tenha boas condições de exercer um excelente trabalho – e seja recompensado por isso; e a sua parte é desempenhar com mestria suas competências para fazer o que tem de ser feito. Porém, ambos temos um mesmo objetivo: sucesso profissional.

Atenciosamente,

Seu Gerente

UP NA CARREIRA

Apresentação

Fazer o que gosta ou gostar do que faz. Das duas, uma!

Todos nós precisamos ter prazer no que fazemos para, verdadeiramente, atingirmos o patamar de sucesso desejado.

A brilhante autora, Daniela do Lago, fará neste livro com que suas escolhas sejam mais assertivas para que você tenha, de fato, um UP em sua carreira. Direta e objetiva, esta renomada *coach* e professora destaca com mestria que sucesso profissional independe do lado financeiro, ao longo dos tempos. É um livro para você encarar a realidade no mundo empresarial.

Particularmente, eu adoro quando um livro me propõe fórmulas e caminhos práticos, e esta obra tem um viés assim: ser um manual para o seu sucesso profissional. Em especial, destaco que nos capítulos a seguir, você irá aprender 20 atitudes cruciais para ser uma pessoa de ação e que se realiza no seu trabalho; como evitar ou controlar sentimentos que limitam o seu sucesso profissional e, ainda, entender como lidar e se esquivar das armadilhas comuns durante o trajeto para o sucesso.

Entenderá que é preciso mudar e mudar de novo, o quanto for preciso. Ser flexível para traçar novas rotas e desenvolver novas habilidades. Ter uma missão pessoal e uma causa emocional que te traga motivação a cada amanhecer. Compreender cooperação e competição como elementos básicos para o sucesso. Não medir seu sucesso pela régua alheia. Entender que os líderes precisam tomar algumas atitudes empreendedoras, e recebê-las com simpatia. Ser líder de sua carreira: assumir o controle de sua vida profissional!

É um livro muito especial e que, neste último bloco, te levará a tomar decisões: parar de reclamar; escolher os caminhos – o emprego ou trabalho certo. Enfim, verá como dar um UP na sua carreira, atingindo um patamar mais elevado em termos de atitudes e resultados.

Marcelo Ortega

31

Quanto te ofereceram de salário para desistir dos seus sonhos?

Vejo constantemente profissionais caindo na armadilha de sempre: a do dinheiro! É importante levantarmos essa questão sobre a forma como lidamos com as escolhas profissionais. Até que ponto vale a pena desistir do que planejou para sua carreira, no futuro, para ter um salário melhor, hoje?

Vale a pena ter um bom salário no fim do mês e não exercer seu talento na empresa? Acordar todos os dias e ir trabalhar arrastado, viver uma vida sem graça e limitante?

Quando não trabalhamos de acordo com nosso

talento ficamos irritados, de mau humor, frustrados, entediados e, por consequência, os resultados ficam comprometidos. Se você se sente frustrado com a sua profissão, é chegada a hora de uma revisão de vida.

Não estou dizendo para você largar seu emprego e jogar tudo para cima. Ao contrário. Quero alertá-lo para correr atrás dos seus sonhos. Ao invés de reclamar, ficar preso em algo que te sufoca e deixa triste, experimente correr atrás do que realmente deixa você feliz.

Quando se escolhe um trabalho de acordo com o valor do salário no final do mês e sem observar se o seu talento será aplicado, é comum acontecerem escolhas equivocadas.

O sucesso profissional pode independer do sucesso financeiro. Não paute sua escolha de profissão apenas no dinheiro. Ame essa profissão com todo o coração. Persiga fazer o melhor e realize. O dinheiro virá como consequência.

Quando escolhemos uma profissão, ou trabalho, focando no nosso talento, estamos seguindo nossa vocação, atendendo a um chamado interior. Neste sentido, poderemos utilizar nossos dons e, automaticamente, passaremos a gostar do que fazemos. Esse é o grande segredo do sucesso em sua profissão.

Quando estamos na direção certa, com certeza o reconhecimento vem – incluindo o sucesso financeiro –, e tudo parece fluir naturalmente.

Por fim, controle sua ansiedade para evitar tomar

uma decisão apressada. Tenha consciência de que o resultado financeiro nem sempre acontece na velocidade que imaginamos, mas isso não indica que as coisas não estão dando certo. Planejamento e paciência são competências fundamentais para criar uma carreira de sucesso e abundância.

E, se você já percebeu que fez uma escolha errada ao aceitar seu trabalho atual, pense a respeito com seriedade. Se sentir que errou, mude e recomece. Trace um plano de ação imediatamente para o seu período de transição e faça acontecer. Nessa estrada profissional muitas pessoas podem mostrar o caminho, até iluminar o percurso para facilitar a caminhada, mas o único que pode trilhar essa estrada é você!

32

O "bê-a-bá" do trabalho: vinte atitudes positivas que todo bom profissional deve ter na empresa

Todo mundo quer o trabalho perfeito: aquele que é muito bem remunerado, respeitado, com alta notoriedade, estimulante intelectualmente e, ainda, que proporcione desenvolvimento pessoal. Muitos desses profissionais também não sabem por que esse não é o seu emprego.

É impressionante como algumas pessoas ainda vivem na expectativa irreal, sonhando com a glória profissional, mas se esquecem de fazer o básico no trabalho.

Pelas empresas por onde passo em todo o país, infelizmente, ainda observo outro tipo de atitude prejudicial no trabalho.

Vejo muitos profissionais com muita preguiça de estudar e se desenvolver, inúmeros brasileiros chegam atrasado no trabalho, não assumem responsabilidades, torcem para chegar logo a sexta-feira, reclamam das segundas-feiras, ficam contando os dias no calendário para um feriado nacional e a maioria esmagadora se acha melhor do que o seu chefe.

De nada adianta querer o trabalho perfeito se você não encarar a realidade e não fizer o que tem de ser feito. Neste país vende-se muitas "facilidades", poucos ganham muito dinheiro vendendo ilusões para ludibriar aqueles que querem ter sucesso com rapidez e pouco esforço. Comportamento que prejudica demais o desenvolvimento do Brasil.

Peço desculpas se estou sendo muito direta, mas meu papel, como *coach* e professora, é destacar o que precisamos ouvir e não o que é mais agradável de se ouvir. Chegou o momento de encararmos a realidade como ela é, e não como gostaríamos que fosse.

Minha sugestão é que você repasse este artigo a todas as pessoas do seu departamento e da sua empresa, com o intuito de proporcionar uma autoavaliação sobre suas atitudes no trabalho. E, por que não aproveitar essas dicas e transformá-las em metas para uma nova etapa que se inicia?

Pequenas ações, grandes mudanças!

Escrevo aqui algumas atitudes básicas comportamentais no trabalho, porém de extrema relevância e importância para a construção de uma carreira de sucesso:

1 - Falou que vai fazer? Faça.

2 - Começou um projeto? Termine.

3 - Marcou reunião naquele horário? Seja pontual.

4 - Alguém fez um excelente trabalho? Elogie.

5 - Colega não sabe fazer uma atividade? Ensine.

6 - Tem problema no departamento? Resolva.

7 - Alguém discorda da sua opinião? Ouça e respeite.

8 - Colega sugeriu alternativa melhor do que a sua? Aceite.

9 - Aquela tarefa não faz sentido? Questione.

10 - Quer um trabalho desafiador? Se desenvolva.

11 - Enxerga outra forma de fazer uma tarefa? Proponha.

12 - Cometeu um erro? Corrija e aprenda.

13 - Quer ganhar mais? Entregue mais.

14 - Quer ser promovido? Assuma mais responsabilidades.

15 - Quer criar algo novo e espetacular? Estude.

16 - Quer ter uma imagem positiva? Pare de reclamar na área do café.

17 - Quer ficar quieto na sua, sem ser incomodado? Faça seu trabalho e não atrapalhe os outros.

18 - Seu chefe não sabe o que faz? Analise, pontue e tenha paciência (afinal ele é o seu chefe).

19 - Quer gerar um bom clima na área em que atua? Seja proativo.

20 - Não gosta da sua empresa? Mude.

Faça tudo com excelência, você jamais será prejudicado por ser um profissional excelente. Que você seja o melhor que puder ser sempre.

33

Você já se sentiu angustiado com os rumos da sua carreira?

A angústia da vida executiva é algo digno de reflexão. Estava analisando os meus atendimentos nos processos de *coaching* do último ano e, para minha surpresa, o motivo mais trabalhado com os executivos foi a angústia profissional. Independentemente do nível hierárquico, momento de carreira, idade ou situação financeira, todos sofriam da angústia que pesava sobre suas carreiras.

Por definição, a angústia é a sensação psicológica que se caracteriza pelo sufocamento, pelo peito apertado, a ansiedade, a insegurança, a falta de humor e sentimentos aliados à alguma dor.

Por que os profissionais sentem angústia sobre os rumos de sua carreira? A resposta é simples, mas não é fácil de ser resolvida: a maioria dos profissionais que tem esse sentimento, está vivendo num piloto automático, se distraindo para fazer as inúmeras tarefas urgentes de todos os dias. Sempre estão correndo, mas não sabem ao certo para qual direção. Por isso tomam decisões erradas diariamente, por desconhecerem seus reais propósitos profissionais.

Vou compartilhar o exemplo real de uma cliente que atendi, que darei nome fictício de "Lia".

Lia amava seu trabalho, atuava como gerente numa grande multinacional e recebia um salário de 22 mil reais. Um bom salário. Ela atingia bons resultados e por isso recebeu uma proposta da concorrência para assumir um cargo de diretoria e ganhar um salário de 36 mil reais! Um baita aumento!

Pensando na realidade de que não existem lugares de diretores e presidentes para todos na empresa, resolveu aceitar o desafio. Afinal, uma boa oportunidade para "crescer" na carreira não aparece todos os dias.

Acontece que Lia não atentou para algo muito importante que estava em jogo com sua decisão: os seus valores.

Lia residia perto da empresa, o que permitia tomar café da manhã com seus 2 filhos pequenos, levá-los à escola e, ao final do dia, buscá-los. Cuidava das crianças e conseguia fazer seus exercícios físicos. A nova empresa fica distante da sua casa, tem que atravessar a cidade e já não consegue ver seus filhos acordados durante a semana, pois tem que sair muito cedo e volta muito tarde. Teve que contratar uma babá e transporte escolar, tanto de manhã, quanto à noite, para ajudar com as crianças. Com desafios do novo cargo, mesmo aos finais de semana, Lia não consegue se "desligar" da empresa, pois tem que estar online para responder prontamente problemas com clientes. A culpa tem sido grande em relação ao tempo dedicado aos filhos e ao marido. Para lidar com isso, Lia aproveita o dia do rodízio do seu carro para fazer terapia. Após alguns meses de "lua de mel" com essa nova empresa, Lia teve uma grande surpresa: a nova empresa tem os mesmos problemas da anterior. Alguns até piores. Depois de meses de angústia, Lia me procurou para fazer processo de *coaching* e assim reorganizar os rumos de sua carreira.

Vamos analisar a decisão de mudar de empresa que Lia tomou. Será que realmente foi uma boa oportunidade para ela? Com absoluta certeza o aumento salarial saiu muito mais caro, pois Lia caiu numa armadilha profissional! Não estava atenta para agir na direção do seu propósito.

À medida que você toma uma decisão, automaticamente terá que lidar com as consequências das suas escolhas.

Não adianta nada mudar de ambiente e levar você com você. Os problemas tendem a se repetir. Mudanças somente de ambiente podem ser respostas a problemas ocasionais, mas dificilmente atacam as causas. Por isso, chamamos essas mudanças de remediativas. Elas apenas remediam o problema, mas dificilmente geram alguma solução.

Pare de cair nas armadilhas profissionais! Por não saber o que realmente é importante para você, tudo parece importante. Porque tudo parece importante, tem que fazer tudo.

Infelizmente, outras pessoas te veem fazendo tudo e, assim, esperam que faça tudo. Com isso, você se mantém tão ocupado que não tem tempo para pensar sobre o que realmente é importante para você.

Será que não chegou o momento de parar e rever o seu caminho para ajustar a direção da sua carreira?

Como *coach*, minha profissão é fazer perguntas que podem ajudá-lo a refletir e começar o processo de autoconhecimento:

– Por que você acorda e vai para o trabalho todos os dias?

– Por que você escolheu essa empresa para trabalhar?

– Qual é o seu propósito no trabalho?

– Qual a diferença que você faz, sendo você?

– O que você traz para a sociedade, sendo você no seu trabalho?

Quero despertar em você a autorreflexão sobre como tem tratado a sua vida pessoal e profissional. Desligue esse piloto automático da sua vida, através do qual você não conduz, mas é conduzido por uma rotina, sem sequer saber em qual direção. E passe a vislumbrar diante de si, apenas o seu propósito e o que realmente importa para você!

O escritor James Hunter, autor de *O Monge e o Executivo*, diz que "os seres humanos têm um profundo anseio por significado e propósito em sua vida e retribuirão a quem os ajudar a atender a essa necessidade. Eles querem acreditar que o que estão fazendo é importante, que serve a um desígnio e que agrega valor ao mundo".

Isso vale para todos nós.

34

Não se desmotive com o sucesso profissional dos outros. Foque em suas metas!

A internet mudou a forma como fazemos negócios hoje em dia. É possível ganhar dinheiro e construir uma carreira meteórica por meio das redes sociais.

Rompemos as barreiras físicas e ganhamos o mundo, tornando o computador uma vitrine. O marketing digital está a todo vapor para ajudar a vender produtos e serviços.

Mas, e quando falamos de uma pessoa? Ou melhor: quando falamos de cada profissional em uma empresa? Será que a regra é a mesma?

Vejo inúmeros profissionais que, na busca por aprovação, atenção e reconhecimento, postam informações,

UP - 50 DICAS PARA DECOLAR NA SUA CARREIRA

acreditando que vão experimentar o tal sucesso profissional com as curtidas e comentários que recebem. Há uma grande carência por trás de tanta exposição virtual. Uma carência que o profissional quer suprir pela aprovação e aceitação do outro.

Recebo alguns relatos de profissionais que estão construindo muito bem suas carreiras, mas se sentem extremamente angustiados pela comparação virtual. Como todos postam fotos de bons momentos, acreditam que os outros estão mais felizes do que eles. Acham que o outro é sempre mais: que ganha muito mais dinheiro, que é mais reconhecido na empresa, que trabalha num lugar mais legal, que sempre viaja a trabalho para lugares incríveis, que tem o chefe mais bacana etc.

Nessa comparação sem sentido, as pessoas se sentem fracassadas e tendem a desistir de suas metas no meio do caminho. Entendo que a comparação é positiva, nos faz melhorar. O problema não é a comparação, mas, sim, com quem você se compara. Nem tudo o que algumas pessoas postam nas redes sociais sobre sucesso profissional é verdade.

As redes sociais são um instrumento perfeito para tentar passar a melhor imagem possível. Desta forma, as pessoas utilizam vários elementos para criar uma imagem idealizada de si mesmas para vender aos outros. Então, pare de ficar angustiado com o que lê por aí e foque em suas metas do mundo real. A trajetória de carreira é diferente para cada pessoa.

Cuidado, portanto, com quem você tem se comparado. Uma carreira de sucesso nem sempre se constrói na velocidade 4G.

Qual retorno efetivo, seja ele financeiro ou emocional, que as curtidas, número de seguidores e quantidade de visualizações lhe proporcionam? Pense bem: é pura ilusão. Com ela, poucos espertos ganham muito dinheiro distraindo os outros.

Conheço muitos bons profissionais que apresentam resultados fantásticos e servem de inspiração para continuarmos a agir na direção das nossas metas. Use a internet a seu favor, de maneira estratégica, para potencializar seus resultados e objetivos profissionais.

Não acredite em tudo o que dizem por aí sobre salários, cargos e patrocínios. No mundo virtual, por enquanto, pode tudo, mas a verdade ainda se baseia em fatos. Ao final do dia, o que realmente importa é o seu saldo disponível em conta corrente!

É claro que uma *selfie* ou outra não faz mal a ninguém, não é mesmo? Sempre recomendo que cada profissional cuide bem de sua imagem. O que devemos é dar atenção e ter cuidado com o excesso. A responsabilidade sobre a sua carreira é somente sua.

Foco total, portanto, na sua caminhada.

35

Preguiçosos agitados

"Preguiçoso? Claro que não! Sou atarefado! Acordo cedo e durmo tarde. Minha vida é agitada e não tenho tempo para quase nada. Minha agenda é cheia de compromissos e reuniões do começo ao fim. Adoro o que faço e gosto de produzir."

É ótimo estar ocupado e produzindo, certo? No entanto, se compreendermos o significado de ser verdadeiramente produtivo, poderemos descobrir que somos apenas "preguiçosos agitados".

Preguiçoso agitado é aquele que tem pouca energia e, às vezes, quer se passar por um grande intelectual, ou profissional independente.

Conhecemos muitas pessoas assim nas empresas, que fazem tarefas sem saber ao certo a real utilidade daquele trabalho, colecionam "planilhas de Excel e apresentações em Power Point" inúteis, passam o dia na empresa lendo bobagens na internet e enviando mensagens inúteis pelos grupos do WhatsApp.

O preguiçoso agitado não faz mal a ninguém. Poderíamos até agradecê-lo, já que ele faz muitas coisas das quais nos beneficiamos. Mas, como lhe falta inteligência, em geral tudo que faz é imperfeito. E ele próprio não pode desfrutar os resultados do seu trabalho, que é deixado e aproveitado pelos sábios.

Atualmente, o mundo está cheio de preguiçosos agitados. Correm o dia todo, comem mal, vivem nervosos, ora explorando, ora sendo explorados. Levam muito a sério o show temporário da economia, da crise e da política. Ralam da manhã até à noite em trabalhos que odeiam, sempre tensos com tantos dados, números e burocracias, num ambiente morto e insalubre. Geralmente vivem reclamando de suas empresas e não têm nenhum momento de alegria no trabalho.

Acabam ficando invejosos com os resultados de outros profissionais que leem nas redes sociais, desanimados e peritos em insultar os outros. Mesmo que tenham muitos deveres, não executam adequadamente e sempre procrastinam. Afinal, é assim que mantêm algo de que possam se queixar.

Muitos desses preguiçosos ocupam cargos de liderança nas empresas. São aqueles que chamo de líderes "biscoito de polvilho". Quando comemos biscoito de polvilho, sua crocância faz barulho, seu farelo suja toda a roupa e como alimento não sustenta, pois em poucas horas estamos com fome novamente. Pois bem, o líder "biscoito de polvilho" é aquele que faz barulho pelos departamentos por onde passa, fica o dia todo andando de um lado para o outro, dando a falsa impressão de que está ocupado, mas não "sustenta", pois logo as pessoas percebem a falta de resultados!

Quando, finalmente, tem algum tempo livre, boa parte das pessoas ainda precisa checar compulsivamente seus celulares, caixas de entrada e atualizações em meia dúzia de redes sociais. Nada de relaxar.

Na vida acadêmica, gosta de "conhecimento express", nada que exija muita leitura. O que mais o atrai são as técnicas que prometem resultados rápidos e imediatos. Não tem noção de que buscar "facilidades" faz dos preguiçosos, não somente uns pobres atarefados, como também uns tolos.

Está na hora de despertar para sua carreira!

Uma pessoa desperta usa a sua força e o seu cérebro. Analisa a situação e toma decisões sábias sobre seu trabalho. Sabe como agir em diferentes ocasiões. Não foge dos desafios, entende que sabedoria não é sinônimo de quociente de inteligência alto, mas, sim, de saber analisar a situação e agir nos momentos certos, na direção dos objetivos profissionais traçados.

Uma pessoa desperta e de bom senso também se prepara para a colheita profissional. Tem uma meta pessoal clara a cumprir e toma atitudes apropriadas, no tempo certo, para colher na melhor época. Essa pessoa reconhece que a agitação não nos torna imunes à preguiça.

Já dizia Stephen Covey: "Estar ocupado não significa estar sendo eficiente".

36

Importância das viagens de relacionamento no ambiente corporativo

Penso que todo ser humano deve criar o hábito de viajar. Toda viagem nos permite conhecer o mundo de uma forma diferente e proporciona o enriquecimento da nossa intelectualidade, que se concretiza através de contatos com novas pessoas, conhecendo novas paisagens e culturas.

O mundo corporativo reconhece positivamente os profissionais que já tiveram qualquer experiência internacional, seja com intercâmbio, realização de um curso de idioma ou até mesmo participação em reuniões de negócios de sua empresa.

A iniciativa de viajar para outro país, ou até mesmo fazer o intercâmbio, sinaliza um grande compromisso com a carreira, o que é muito bem visto na trajetória profissional. É fato que a experiência em outra cultura pode ajudar no processo de adaptação, caso a pessoa tenha de conviver com profissionais daquela cultura aqui no Brasil, ou tenha de ser enviado para trabalhar no exterior.

Eu recomendo que todo profissional tenha, pelo menos, uma experiência internacional na vida, pois, além do desenvolvimento da língua estrangeira, o currículo também recebe um grande reforço.

Viajar é o melhor investimento que um profissional pode fazer em sua carreira, pois o retorno é garantido!

37

Você é um profissional emotivo? Três atitudes nada profissionais que podem te prejudicar na empresa

As emoções nos acompanham a todo tempo e estão presentes na vida de qualquer pessoa. É válido lembrar a todo profissional que, aquela velha premissa de que emoção não deve ser demonstrada na empresa, é balela! Eu diria que é humanamente impossível. Se algo ruim, ou bom, acontece em casa, natural que se reflita no trabalho e vice-versa.

Isso não significa que devamos nos deixar levar pelas emoções. Sentir emoção é natural, mas o melhor é quando você a controla, e não o contrário. Um bom exemplo disso é que a maioria dos crimes cometidos no mundo aconteceram no "calor da hora", ou seja, quando você deixa a emoção te controlar, é provável que fará alguma bobagem.

Pelas empresas por onde passo é muito comum encontrar profissionais que adoram falar sobre seus problemas, dilemas com familiares, filhos, vida financeira e de sua própria vida. O funcionário com esse perfil é considerado emotivo e sua presença pode prejudicar o desempenho dos colegas de trabalho.

Vale lembrar que o chefe, ou as pessoas da equipe, não são obrigados a se emocionar ou se envolver com seus problemas. E você não deve ficar chateado, contando a todos sobre a "insensibilidade" do chefe, ou de colegas. Muita cautela para não entrar nesse caminho. Ambiente corporativo não é terapia, muito menos encontro de final de semana.

Aqui vão algumas atitudes no dia a dia que são consideradas pouco profissionais e que todo funcionário que deseja ter sucesso na carreira, precisa ficar atento para não cometer:

Fique atento — USO INADEQUADO DOS RECURSOS DA EMPRESA

Muita gente tem o hábito de usar o telefone da empresa para falar com amigos e parentes mais próximos e até discutir a relação com o cônjuge. Hoje em dia é muito comum, em um único ambiente fechado, trabalharem várias pessoas juntas, sendo impossível não ouvir conversas particulares alheias, o que pode gerar comentários pelos corredores. Passamos muitas horas no trabalho e é perfeitamente normal, ao longo do dia, usarmos telefone para fins particulares. Mas, cuidado com o exagero!

Isso, sem contar o uso excessivo da internet da empresa para compras online, e-mails pessoais com aquelas mensagens lindas e longas de Power Point e até conversinhas exageradas pelas redes sociais.

Fique atento — CONFUNDIR AMIZADE COM SUA OBRIGAÇÃO NO TRABALHO

Importante frisar que nós escolhemos ter os amigos em nossas vidas, mas dificilmente escolhemos quem irá trabalhar ao nosso lado na empresa. Portanto, é normal não gostarmos de todo mundo no trabalho. Existem pessoas que naturalmente desenvolvem uma afinidade e outras não, e é aí que a confusão toda acontece no dia a dia.

Se um amigo solicita uma informação, um dado ou relatório, a tendência do funcionário emotivo é fornecer o conteúdo com rapidez e excelência. Mas, se quem solicitou o trabalho, porventura, for aquele fulano que "não vai com a cara", o funcionário emotivo dificulta os processos internos, prejudicando a produtividade da empresa. Lembre-se que sua empresa visa lucro através dos resultados. É para isso que você está lá. Não trave o processo, senão quem estará fora dos negócios será você!

Fique atento — TRANSFORMAR A ÁREA DO CAFÉ NO "MURO DAS LAMENTAÇÕES"

Áreas de uso comum são motivos de muitas brigas nas empresas. A área do café de cada departamento é um local muito importante para aquele momento de pausa entre um trabalho e outro, para um momento relaxante e de descompressão. Local ideal para ficar poucos períodos durante o dia, mas não o tempo todo.

Muitas pessoas ocupam as mesas do café ou estacionam ao lado da cafeteira contando assuntos pessoais. Isso atrapalha o trânsito das outras pessoas e pode causar constrangimento. Apesar da área do café ser de livre acesso, o fato de alguém estar falando de problemas pessoais pode fazer com que outras pessoas não se sintam à vontade para pegar um cafezinho.

Pode parecer insensível o que digo, mas representa a mais pura realidade: nem sempre os colegas da empresa estão interessados em ouvir os seus problemas profissionais, muito menos os pessoais.

E, se você leu este artigo até este ponto e está pensando algo como "Nossa, que chato trabalhar nesse tipo de empresa", ou "Que absurdo, agora vou trabalhar numa prisão!", comece a rever suas atitudes. Provavelmente você é um funcionário emotivo!

38

Burrice emocional

Fala-se muito em inteligência emocional, mas poucos discutem o oposto: a burrice emocional. Li este termo em uma das colunas da escritora Martha Medeiros e me fez trazer a reflexão para o mundo corporativo.

A inteligência emocional já virou clichê nas empresas. Desde que Daniel Goleman lançou seu *best seller*, o tema se tornou recorrente nos meus treinamentos e nas aulas.

Como especialista em comportamento no trabalho, digo que a inteligência emocional é, sim, uma característica importante a ser desenvolvida. Afinal, saber interpretar os nossos sentimentos e os dos outros é uma habilidade muito valorizada. Ter a capacidade de sentir, de acreditar na intuição, de levar um pouquinho mais a sério aquele sentimento que você, às vezes, não consegue explicar, mas que está ali, com boas chances de ser verdadeiro.

Pouco, ou nada, se fala sobre a burrice emocional. Não me levem a mal pelo tema pejorativo, mas considero burro, não aquele que não sabe (este seria o ignorante), mas aqueles que têm consciência sobre o que querem de suas carreiras e, mesmo assim, continuam fazendo escolhas profissionais estapafúrdias, esperando que um milagre aconteça e os tirem daquela dura realidade no trabalho.

Essas pessoas passam o dia inteiro no trabalho reclamando da empresa e culpando-a por todos os seus problemas. Dizem frases do tipo: "Na empresa onde eu trabalho existem muitos problemas. Você só vai acreditar se trabalhar lá um dia. Por isso não consigo progredir, nem utilizar todo o meu potencial". Colocam toda a culpa no ambiente. Chega um dia em que mudam de empresa. Passam-se alguns meses de "lua de mel" e vem a grande surpresa: a nova empresa não é tudo aquilo que imaginaram. Os problemas existem e alguns são ainda mais complicados do que na empresa anterior.

Mudanças apenas de ambiente podem resolver problemas ocasionais, mas dificilmente eliminam as causas. Por isso chamo essas mudanças de remediativas. Elas podem remediar o problema, mas dificilmente vão gerar grandes mudanças.

Quero despertar em você uma autorreflexão sobre

como tem tratado sua vida pessoal e profissional. Quando você vai desligar o piloto automático da sua vida? Através dele você não conduz, mas é conduzido por uma rotina, sem nem sequer saber para qual direção ?

O que precisa acontecer para que você acorde e escolha fazer algo diferente por você mesmo? O mundo já é cruel o suficiente para ainda procurarmos confusão e chatice.

Chega de burrice emocional!

Tome uma atitude positiva hoje!

39

Assuntos do coração são mesmo complicados. Como trabalhar e manter bom desempenho na empresa com o coração partido?

Foi-se o tempo em que falávamos de equilíbrio entre vida pessoal e profissional. Afinal, o conceito de equilíbrio nos remetia à ideia de áreas separadas da vida.

Hoje, falamos do conceito de integração, pois a linha divisória entre vida pessoal e profissional já não está tão evidente. Quando algo ruim ou bom acontece em casa, é muito comum que se reflita no ambiente do trabalho e vice-versa.

UP - 50 DICAS PARA DECOLAR NA SUA CARREIRA

Quero falar de um assunto que raramente é tratado com seriedade nas organizações. Quando um profissional rompe o relacionamento amoroso, ou enfrenta um divórcio, como pode trabalhar e manter um bom desempenho na empresa, estando com o coração partido?

Quando sofremos um acidente – quebramos uma perna, um braço ou, até mesmo, pegamos uma conjuntivite –, fica evidente que precisamos tirar licença para nos recuperarmos. Mas, e quando se trata do rompimento de uma relação amorosa? Nossa CLT (Consolidação das Leis do Trabalho) não prevê licença para esse tipo de dor. E acredite, qualquer rompimento, seja divórcio ou término de namoro, deixa marcas em quem passa por ele. Mas, lembre-se que o chefe, ou as pessoas da equipe, não são obrigados a se emocionar, ou se envolver, com problemas pessoais alheios. Você não deve se aborrecer e ficar falando a todos sobre a "insensibilidade" do chefe ou dos colegas. Muito cuidado para não entrar por esse caminho.

Assuntos do coração são mesmo complicados, ainda mais quando se trata de um coração partido. Por isso, coloco aqui algumas dicas que podem ajudar na sua recuperação sentimental.

Dica 1 **PROCURE ESCUTA PROFISSIONAL**

É importante conversar sobre suas perdas com alguém que está preparado para te ajudar e será pago para te ouvir. Pode parecer crueldade o que direi, mas representa a mais pura realidade: nem sempre os colegas da empresa estão interessados em ouvir os seus problemas profissionais, ou pessoais.

Dica 2 **DEDIQUE-SE A ATIVIDADES ROTINEIRAS**

Sabe aquelas tarefas que exigem pouca atenção e que estão esperando para serem realizadas há tempos na sua mesa? Pois bem, esse é um bom momento para desovar pendências rotineiras.

Procure não fazer atividades que necessitem de muita atenção, pois você pode deixar escapar informações cruciais, e isso pode te prejudicar. Se tiver mesmo que fazer tal atividade, conte com a ajuda de algum colega para ler aquele documento, ou revisar uma apresentação.

Isso não significa que deixará seu trabalho sob a responsabilidade de outra pessoa. Apenas peça ajuda. Se sentir pressão muito forte – e for preciso –, não tem nada de errado ir até o banheiro para chorar. Faça isso. Desde que seja para aliviar a tristeza daquele momento.

Você também não deve ficar chorando compulsivamente o dia todo, na frente de todos. Se tiver possibilidade, procure tirar do banco de horas pelo menos dois dias, para que possa recuperar seu controle.

Vá por mim, nas empresas, muitas pessoas ainda não sabem lidar com as emoções. Chegará um tempo em que não seremos julgados pelo que sentimos. Mas, ainda não estamos lá e, dependendo da emoção demonstrada, pode pesar negativamente na empresa.

No mais, dê tempo ao tempo. Gosto e apóio o conceito de um dia por vez. Você pode observar melhor seus sentimentos e amadurecer, absorvendo o que aconteceu e utilizando tudo para aprender, crescer e avançar na vida.

40

Homossexualidade no trabalho – Vamos tirar a hipocrisia do armário?

O homossexual (masculino ou feminino), sempre se fez presente no mundo corporativo. Muitos sofrem por terem de adotar disfarces para sua homossexualidade, outros ainda fingem ser heterossexuais para melhor sobreviver na empresa.

Em minha prática nas empresas por onde passo, a maioria das organizações com fins lucrativos, se pautam na competência comprovada para contratar e não na sexualidade. Mas, entendo que ainda convivemos com o atraso e que há muito o que se discutir sobre esse assunto.

As estatísticas, em geral, por um motivo ou outro, não abordam a questão do homossexualismo. Infelizmente, ainda vivemos em uma sociedade do faz-de--conta. Espaço no mundo corporativo, os homossexuais sempre tiveram. O número de gays não aumentou, eles estão apenas mais visíveis agora, à medida que a sociedade vai aceitando-os.

Uma diretora de Recursos Humanos de uma empresa da indústria da saúde me consultou com a seguinte situação: *"Ao comprar uniformes para todos os colaboradores, uma mulher veio até mim e solicitou trocar o uniforme por um modelo masculino."* Essa colaboradora não se sentia à vontade em usar um uniforme de modelo feminino. Recomendei que fizesse a troca do uniforme, porém, confesso que fiquei na dúvida sobre qual seria o procedimento em relação ao uso do banheiro coletivo. Se fosse na minha empresa, cada um que passasse por ali seria livre para usar o banheiro que quisesse, porém, essa questão não é tão simples assim, em outras organizações.

O assunto é polêmico e gosto de provocar o debate, sempre com o intuito de crescimento e expansão. Situações como esta são excelentes oportunidades para não retrocedermos.

É fato que nem todo gay se sente à vontade para "sair do armário", na empresa. É uma decisão pessoal e ninguém tem nada a ver com isso, porém, é preciso sensibilizar e educar para o respeito aos direitos LGBT.

A revista *Exame* lançou uma edição, há algum

tempo, com uma capa intitulada "Chefe, sou gay". A reportagem de várias páginas trazia o relato de executivos em cargos de destaque, falando abertamente sobre sua escolha afetiva por parceiros do mesmo sexo, em seus respectivos empregos.

Muitos homossexuais comentam que ainda se sentem em posição desconfortável. Uma simples conversa sobre o que aconteceu no fim de semana, ou a participação em eventos sociais com os colegas de trabalho, tornam-se um problema.

E para os que estão no alto escalão da empresa não é diferente. Às vezes, questões que seriam banais – como ir a um casamento de um funcionário ou, até mesmo, levar seu cônjuge no jantar de final de ano na casa do presidente da empresa –, podem se tornar um transtorno.

Percebem o quanto temos que crescer? Minha recomendação a todos os executivos de empresas, quando se deparam com dilemas sobre diversidade, é a seguinte: o mercado de trabalho é de quem comprova competência e ponto final!

Em se tratando de competência e desempenho, não há diferença. Heterossexuais e homossexuais (masculinos ou femininos), todos são iguais. O importante é que o gestor de pessoas, atento às diferenças, consiga que rendam o máximo, respeitando as suas individualidades, de modo a tê-los produtivos e felizes no ambiente corporativo.

UP - 50 DICAS PARA DECOLAR NA SUA CARREIRA

E você, que está lendo este artigo, lembre-se: respeite a diversidade, qualquer que seja, incluindo sexo, raça, credo, deficiência física ou outra.

Chegará um dia em que, nas empresas, o que será levado em conta é o currículo, depois a habilidade comprovada na entrevista e, por fim, os resultados alcançados pelo candidato em outros trabalhos. Para esse mundo, sexualidade é bobagem.

Velho quem? Os desafios do mercado de trabalho para quem tem mais de sessenta anos

É cruel, mas quem está beirando os sessenta anos enfrenta grandes dificuldades na hora de encarar o mercado de trabalho. Quem não está empregado e precisa de uma recolocação, tem pela frente um grande desafio: como arrumar um emprego perto da idade de se aposentar?

Recentemente fui ministrar uma palestra sobre carreira para uma faculdade da terceira idade. Foi uma experiência fantástica! É gratificante interagir com um público tão alto astral. Percebi que não é à toa que essa faixa etária é conhecida como "a melhor idade". Mesmo assim, foi realmente um desafio falar sobre o trabalho em empresa, uma vez que a contratação de idosos depende de alguns aspectos trabalhistas previstos em nossa desatualizada CLT.

No Brasil, a expectativa de vida vem aumentando a cada ano. Ainda assim, de acordo com o "Estatuto do Idoso", todo cidadão brasileiro, homem ou mulher, na idade de sessenta anos ou mais, é considerado idoso.

A boa notícia é que empresas sérias e modernas estão apostando cada vez mais na terceira idade. Por quê? Pela experiência. O valor das conquistas profissionais e o conhecimento acumulado ao longo da vida, são sempre bem-vindos no ambiente corporativo. Profissionais mais velhos são, geralmente, mais compromissados e levam mais a sério tarefas que gerações mais novas não tem paciência para fazer.

Uma dica importantíssima a todos que já passaram dos cinquenta e cinco anos é que abram sua própria empresa: tenham seu próprio CNPJ para que, numa eventual necessidade, possam emitir nota fiscal de serviço a qualquer empresa. Tendo em vista as nossas leis trabalhistas, uma boa alternativa para o idoso continuar no mercado de trabalho é atuar como consultor e profissional autônomo. Esteja preparado, pois, cada vez mais programas voltados para a empregabilidade de idosos ganham o planejamento estratégico das empresas.

Outro aspecto relevante para os sessentões nas empresas – e que é fundamental –, é a atualização no aspecto tecnológico. Fala-se muito de conflito entre gerações, mas o que vejo é conflito na forma de trabalhar. Participe de cursos, palestras, workshops. Atualize-se e mostre que você ainda tem muito gás para aprender.

O que eu mais aprendi com esse público é que ser velho não é questão de idade, e sim, questão da forma de pensar e como se vive a vida. Naquele evento, com mais de 200 idosos, verifiquei que a maioria tinha se reunido com os amigos durante aquela semana e, também, que todos daquele grupo já tinham feito mais de duas viagens internacionais, só naquele ano. Veja bem, percebi que há meses não vejo pessoalmente meus amigos – só por mensagens através das redes sociais – e todas as minhas viagens neste ano foram a trabalho.

Quem é velho mesmo? Definitivamente, eles sabem viver a vida!

Foi-se o tempo em que, com o avançar da idade, o profissional se tornava improdutivo. Hoje em dia muitos idosos estão buscando, até mesmo, começar uma segunda carreira, pois têm disposição e potencial para agregar mais valor às empresas.

Quando se resolve investir em talentos diferenciados, a organização sempre dará um passo à frente e evoluirá em seus processos de gestão. Esta é a beleza da diversidade no trabalho.

O potencial humano não se limita à idade.

42

A realidade da crise econômica. Quanto do seu trabalho baseia-se na aparência e não na realidade?

Em meio a um Brasil incerto, com uma grave crise econômica que deve se estender, pelo menos até o próximo ano, observo muitos profissionais buscando garantias de um emprego, renda, crescimento e relacionamentos profissionais. Acho difícil conseguir essa tal "garantia" e, além do mais, essas são apenas garantias superficiais, com as quais não podemos e nem devemos contar em nossas carreiras. Portanto, neste momento tão incerto, com quem podemos contar?

É fato que, nestes últimos anos, a relação entre empresa e colaborador estava favorável ao colaborador, devido à falta de mão de obra. Com vagas a preencher, o "jogo" estava nas mãos dos profissionais que podiam escolher onde queriam trabalhar, definir seus salários, cargos e benefícios. Inclusive, o mercado de trabalho acabou inflando a capacidade dos profissionais medianos que, com pouca competência, alcançaram bons cargos e salários.

Sinto dizer, mas o jogo mudou! Agora quem faz as regras são as empresas. Voltamos à competitividade acirrada, eficiência e produtividade máxima no trabalho e, com isso, vejo muitos profissionais medianos se assustarem com a dura realidade.

Os profissionais excelentes e que têm alta performance, sempre estarão à margem das crises, pois as empresas mantêm as portas abertas para aqueles que fazem a diferença. Neste momento incerto, observamos a preocupação daqueles que não se prepararam, não se qualificaram e "fabricaram" qualidades para se manter no trabalho.

A nossa natureza falha é que nos faz forjar melhores qualidades. Os espertos sempre têm que ter a resposta certa; os simpáticos devem sorrir constantemente; os líderes fracos devem escolher as batalhas que já sabem que vencerão. Independentemente de você precisar proteger uma imagem forjada, ou se realmente é um bom profissional, estamos vivendo um momento de "salve-se quem puder", para manter o trabalho atual.

Como manter-se empregável em momentos de crise? Aqui vão algumas dicas que podem ajudá-lo a administrar melhor esse período de incertezas:

Dica 1 — BUSQUE QUALIFICAÇÃO ACADÊMICA

Em momentos de crise, a primeira atitude que todos tomam é cortar as despesas. Porém, sua educação não pode – e nem deve – ser considerada uma despesa, mas sim, um investimento. Muita gente só se dá conta de que precisa ter qualificação profissional, quando está procurando um novo emprego. Quem melhor se qualificar, terá maiores chances de sobreviver no mercado por um bom tempo.

Dica 2 — PARE DE RECLAMAR DO SEU TRABALHO

Ninguém aguenta ficar perto de pessoas que reclamam de tudo. Não estou dizendo que você deva aceitar calado qualquer condição abusiva. Estou falando daqueles que criaram a cultura da reclamação e que estão insatisfeitos com tudo. Reclamar também pode atrapalhar o ritmo de trabalho. E, tem mais, nos momentos de crise, os primeiros a serem cortados são os reclamões, pois são reconhecidos como aqueles que são de "difícil relacionamento". Fique esperto!

Dica 3 — NO TRABALHO, BUSQUE SER MAIS PROATIVO

Seja o primeiro a levantar a mão quando o chefe precisa de um voluntário. Estar aberto, disponível e ter a postura de "arregaçar as mangas" para fazer atividades que vão além daquilo que está no descritivo do seu cargo, são posturas muito valorizadas nos momentos em que se tem muito trabalho a fazer e poucas pessoas para executar.

Dica 4 — PROCURE SABER O QUE O MERCADO PRECISA

Fazendo isso, você pode se atualizar e se tornar mais competitivo. Esteja informado do valor de mercado da sua atividade profissional. Sabendo quanto vale seu "passe" no mercado é que poderá negociar melhores condições dentro da própria empresa, ou alcançar novas posições em outras organizações.

No jogo corporativo não há garantias. É sábio aquele profissional que entende que só pode contar com ele mesmo, então, conheça seus pontos fortes e fracos. Busque potencializar e mostrar os fortes e melhorar os fracos. Apenas se conhecendo plenamente é que terá segurança para se manter empregável em qualquer momento econômico do país.

43

Quão seguro é o seu emprego?

Alguma vez você já se perguntou quão seguro é o seu emprego? Em momentos de crise política e instabilidade econômica, a insegurança corre solta pelos corredores das empresas por todo o país.

É interessante observar o comportamento de alguns brasileiros que acham que não são empresários por terem carteira de trabalho registrada. Sim, você é a sua própria empresa! Todo empresário acorda todos os dias de manhã desempregado, mas você que é funcionário, com registro em carteira, também acorda desempregado, só não se deu conta disso ainda.

Com a nossa desatualizada CLT criou-se uma sensação de que, quem tem carteira assinada está "seguro" e protegido no trabalho quando, na verdade, é a maior ilusão já inventada. Não existe nenhuma segurança em um emprego que lhe pode ser tirado a qualquer momento, por qualquer motivo, ou capricho de qualquer pessoa que está em um nível hierárquico superior ao seu, na empresa.

Há algumas diferenças entre um empresário e um funcionário que possui registro CLT. Uma delas é a vantagem que o empresário leva, pelo fato de que nunca irá "se demitir"; já o funcionário CLT está sob influência alheia. Outra diferença é que o empresário possui o senso de urgência. Afinal, se não produzir e vender, imediatamente sentirá efeitos de não ter recursos para honrar seus compromissos. Se pensar bem, o funcionário CLT que não produz, também está fora do jogo. O fato é que, como uma demissão muitas vezes não acontece de imediato, cria-se a sensação de segurança.

Cada funcionário nada é mais do que a sua "própria empresa" – literalmente "Eu S.A." –, que está prestando seus serviços para uma organização e que, diga-se de passagem, foi escolhida por ele próprio! Portanto, se algo está ruim na sua empresa, lembre-se de que foi você que escolheu aquele lugar para trabalhar e, nesse caso, não é a empresa, ou o negócio, que irá mudar (isso dificilmente acontece), e sim, você é que deverá se organizar para sair dessa situação.

O mais irônico é que a maior parte das pessoas que reclamam dos seus trabalhos, vivem uma vida infeliz com suas carreiras, mas inconscientemente optam por engolir os sapos do mundo corporativo só para ter, em troca, a tal da ilusória "segurança", ainda mais em épocas de crise e aumento de desemprego.

Quer manter-se empregável em tempos de crise? Aja e trabalhe como o dono da empresa! Se não está de acordo com os lucros que o empresário obtém através do seu trabalho, então se programe e mude de empresa, ou abra seu próprio negócio. Mas, não caia na armadilha de achar que está fazendo um favor à sua empresa pelo trabalho executado. Trata-se de uma simples troca, em que o funcionário, por livre e espontânea escolha, concordou em trabalhar naquela empresa, para compartilhar seu precioso tempo e suas ideias criativas em troca de dinheiro, benefícios, status etc. Se o que foi acordado parece injusto para você, o que tem feito para mudar? Esta é a sua oportunidade de acordar e tomar as rédeas da sua carreira.

Não acho, e nem prego, que o empreendedorismo seja o ideal para todo mundo, mas, cada um precisa encontrar o seu próprio caminho profissional. O objetivo deste artigo é alertar para a realidade do trabalho.

Todos os dias encontro muitos profissionais que estão pautando suas escolhas em expectativas irreais e por isso não alcançam sucesso em suas carreiras. Vejo pessoas reclamando de suas empresas, não tendo nenhum momento de alegria e por isso precisam de um alerta, precisam deste despertar.

Vale a pena você parar e refletir cinco minutos sobre o quão seguro é o seu emprego. E, mais importante, refletir sobre suas atitudes em relação ao seu próprio desenvolvimento e qualificação acadêmica, suas atitudes sobre a forma como lida com suas próprias finanças e, claro, sobre quais dos seus valores está abrindo mão para "manter-se seguro" nesse trabalho.

Viver sem planejamento de carreira é como matar moscas o dia todo: te mantém ocupado, sem tempo para se dedicar a outras coisas interessantes e, ao final do dia, dá a sensação de cansaço.

Quando é que vai parar e construir uma tela na janela?

44

Sobrevivendo a um chefe FDP. Seu chefe é inteligente, senão ele não seria o seu chefe!

A grande maioria das pessoas tem um. Arrisco a dizer que todos têm. Mesmo aqueles que são donos da sua própria empresa, também desfrutam desse privilegio que é ter um chefe, que pode ser o seu cliente ou, até mesmo, o próprio mercado.

A palavra "chefe" tem sua origem na palavra em francês *chef* e vem do latim *caput*, que quer dizer "cabeça", "parte superior". Então, não me venha com essa de que quem tem chefe é somente o índio, porque a palavra é sinônima de líder, comandante, capitão, condutor, mestre, superior, guia, maioral, mentor, dirigente, autoridade,

219

UP - 50 DICAS PARA DECOLAR NA SUA CARREIRA

diretor, patrão, gestor, *manda-chuva*, entre outros. A escolha é sua! Pouco importa. Para resumir, chefe é aquele que tem a palavra final na empresa.

É mais comum encontrar reclamações do que elogios, sobre a atuação do chefe. Talvez isso venha pelo fato de que muitos deles assumiram cargos de liderança sem serem preparados para tal responsabilidade. Atuam bem em suas atividades e, como consequência dos bons resultados, "ganham" um cargo de liderança.

Erro básico que muitas empresas ainda cometem: o de considerar a elevação do nível hierárquico como uma espécie de caminho "natural" de crescimento do profissional. Muitas vezes perde-se um excelente especialista e ganha-se um péssimo líder.

Quero direcionar este artigo para aqueles que reclamam do seu chefe, atribuindo a ele o rótulo de "chato", por causa das cobranças excessivas.

NÃO CONFUNDA COBRANÇA COM HOSTILIDADE

Desde o trabalho mais modesto, de baixo salário, até trabalhos mais complexos, todo funcionário tem tarefas a fazer e resultados a entregar. A cobrança faz parte das atribuições do seu chefe.

Veja bem, qual seria o motivo dessa cobrança excessiva e chata do seu chefe? Será que é por que você não faz o que tem de ser feito?

Não gosta de ser cobrado? Faça o que tem de ser feito, com excelência, no prazo e, então, provavelmente, terá um trabalho mais prazeroso.

Será que todo chefe tido como "legal", é aquele que tem em sua equipe colaboradores comprometidos e que fazem com excelência o que tem de ser feito? Talvez o culpado de ter um chefe chato seja você! Deixe de ser um observador e passe a assumir o controle das suas experiências profissionais.

Então, se você realmente é um colaborador nota 10, apresenta excelentes resultados, está alinhado com as regras de sua empresa e, mesmo assim, tem um superior que não larga do seu pé, como sobreviver a um chefe FDP?

Ter um chefe abusivo é uma das situações mais estressantes. A longo prazo, essa pode ser a receita para a exaustão emocional e o esgotamento. Assim, se você não pode mudar a situação, o que fazer?

Eu recomendo que mude sua reação a ela. Assuma o controle do seu mundo interior. Mantenha foco no trabalho que precisa realizar, deixe de lado a ansiedade e os problemas pessoais e procure buscar alternativas para não se deixar abalar emocionalmente. É o que ajudará a sobreviver até que você mude de trabalho, ou até que seu chefe seja promovido. Saiba que a verdade é que o seu chefe é um cara muito inteligente, senão, ele não seria o seu chefe!

Mesmo para aqueles que conseguiram seus cargos

através de favores e amizades, o fato é que, se for esse o caso, seu chefe foi inteligente o bastante para fazer as amizades certas!

Alguma coisa você tem a aprender a com ele.

Medo e desconfiança: como dominar as emoções negativas que contaminam o ambiente de trabalho

Existem muitas pessoas que adoram assustar as outras. Quando levamos um susto, temos uma descarga rápida de adrenalina, geralmente seguida por uma boa gargalhada. Mas, no ambiente corporativo as coisas não funcionam assim, não gostamos de levar sustos no trabalho. O medo que contamina o ambiente de trabalho não é rápido e permanece no local, minando a produtividade e gerando suspeitas.

Esse tipo de medo destrutivo pode infectar a todos, até mesmo em tempos de prosperidade. E, a partir do momento em que o medo se instala, é difícil expulsá-lo.

A consultoria Lynn Taylor realizou uma pesquisa de opinião nos EUA, em que 76% dos trabalhadores disseram ficar temerosos quando o chefe fecha a porta da sala. Não quando o chefe anuncia uma demissão. Tampouco quando o chefe conduz uma audiência disciplinar. Não, 76% das pessoas têm medo quando o chefe simplesmente fecha a porta!

Se o simples fato de fechar uma porta pode causar esse efeito, imagine o tipo de medo que outras atitudes podem despertar. Por mais surpreendente que possa parecer, alguns chefes trabalham para gerar medo. Alguns veem essa atitude apenas como uma das facetas do prazer do poder. Outros acreditam que um pouco de medo motiva as pessoas. Não é verdade. Quanto mais cedo você puder eliminar esse tipo de negatividade do seu ambiente de trabalho, melhor.

O que você pode fazer para ajudar a amenizar o medo?

ELIMINE O SARCASMO

Existe muito sarcasmo no local em que você trabalha? Onde há sarcasmo, normalmente existe o medo, porque esse sentimento transforma as pessoas em alvo do ridículo. Você pode eliminar essa fonte de medo abolindo piadas e comentários sarcásticos do seu ambiente de trabalho. Comece pelo seu repertório, deixando claro que você não vai tolerar qualquer tipo de sarcasmo da parte dos outros também.

DISCUTA O INDISCUTÍVEL

Quais são as questões "indiscutíveis" no seu ambiente de trabalho? Todo lugar tem: funcionários que recebem tratamento diferenciado, políticas que não são seguidas, gerentes que inspiram medo. Pergunte a todos ao seu redor sobre as questões indiscutíveis e ouça atentamente o que eles têm a dizer. Quanto mais debatermos sobre um determinado assunto, menos fantasias negativas teremos a respeito das consequências que podem acontecer.

SEJA UM EXEMPLO

Adote o comportamento que você gostaria de ver. Transforme o medo em respeito, utilizando os erros como oportunidade de crescimento.

USE O BOM HUMOR

O bom humor é uma ótima maneira de desarmar as pessoas e fazer com que elas se lembrem do que você está dizendo. Portanto, não deixe o bom humor em casa, é uma ótima válvula de escape para o medo. Lembre-se, apenas, de não zombar dos outros. Não precisa. Você vai se surpreender até onde o bom humor o levará.

Sentir receio no trabalho pode limitar sua proatividade e capacidade de ter ideias novas e criativas. Você teme tanto as consequências das suas possíveis atitudes, que estaciona sua carreira, pratica a chamada autossabotagem. Faz com que você não arrisque como poderia e isso, fatalmente, vai comprometer seus resultados. É um círculo vicioso.

O medo faz parte da vida de todos nós e precisamos ter uma atitude corajosa. Busque falar bastante sobre assuntos que te deixam inseguro, assim, saberá a real dimensão e o desafio que terá que enfrentar.

46

Critérios para escolher um emprego

Como cada profissional tem metas diferentes de carreira, não há, obviamente, uma fórmula mágica para as escolhas de um trabalho. Cada indivíduo deve tomar suas decisões profissionais de acordo com os seus próprios critérios e o impacto que cada caminho pode ter em sua vida.

Para analisar uma oferta de emprego, é importante reunir informações sobre os objetivos e responsabilidades do cargo, competências exigidas, que tipo de resultado é esperado e quais são os comportamentos valorizados naquela empresa. Avalie também as oportunidades de aprendizado e crescimento, o tamanho do desafio, e os recursos que a empresa oferece.

Quanto à questão financeira, procure saber, além do salário oferecido, como funcionam os benefícios e incentivos. Como é composta a remuneração? O salário é fixo? Tem comissão, ou bônus? Qual o nível de segurança, ou estabilidade? A remuneração está adequada para seu estilo de vida, ou o padrão que você pretende ter?

No entanto, independentemente do tipo de escolha de carreira, após analisar os aspectos práticos citados acima, gostaria de expor outro aspecto muito importante, e pouco divulgado, que irá ajudá-lo a analisar melhor a proposta de trabalho.

Existe apenas um critério importante na hora de escolher um emprego: rapidez de crescimento. Quando as empresas crescem rápido, há mais coisas a fazer do que gente para fazê-las. Quando as empresas crescem mais devagar, ou param de crescer, há menos coisas a fazer e gente demais fazendo coisa nenhuma. A politicagem e estagnação se instalam, e a tendência é ter aquele "climão" pesado e de conflito, na empresa.

A maioria dos profissionais busca primeiro oportunidades em grandes empresas. Gosto das grandes empresas, pois elas nos ensinam procedimentos, formas muito estruturadas de organização, metodologia aplicada. Mas é importante frisar que as grandes empresas e as grandes marcas, geralmente, pagam pouco.

Devido à grande procura de profissionais para atuarem em suas organizações, as grandes marcas pagam baixos salários para cargos iniciais e gerais e exigem muita qualificação. Em contrapartida, oferecem grande aprendizado, acesso ao ensino, oportunidades de treinamentos e desenvolvimento de competências, algo que nem sempre as pequenas empresas podem oferecer.

Iniciar a carreira em uma grande empresa pode ser uma boa estratégia para aprender e se desenvolver em termos de conhecimento. Essas experiências jamais serão tiradas desse profissional durante a vida. Para crescer na hierarquia e dar saltos mais altos no aspecto financeiro, uma alternativa inteligente na caminhada desse profissional é considerar expandir e contribuir com seus conhecimentos adquiridos nas pequenas empresas.

Li uma frase de Sheryl Sandberg que achei muito relevante para a escolha de um novo trabalho:

"Se te oferecerem um lugar num foguete, você não pergunta qual é. Você simplesmente entra!"

As demissões são um indicador de fracasso do líder?

Para ser demitido, hoje em dia, basta estar empregado. Assim como ser contratado e ser promovido na empresa fazem parte do "jogo corporativo", a demissão também entra nesse jogo, mas continua sendo muito temida, principalmente para quem não tem as rédeas e o controle da sua carreira.

Todo funcionário de uma empresa pode ser demitido por, basicamente, três razões:

Razão 1 PROBLEMAS DE CONDUTA

Que são as atitudes que vão de encontro ao código de ética da empresa, como roubar, agredir alguém etc;

UP - 50 DICAS PARA DECOLAR NA SUA CARREIRA

Razão 2 PROBLEMAS DE PERFORMANCE

Esse é o mais comum, em que o colaborador não atinge as metas de maneira satisfatória para a empresa;

Razão 3 REESTRUTURAÇÃO

Este é o caso mais complexo, pois depende de questões mercadológicas, ou de estratégia da empresa.

Não é segredo para ninguém que o Brasil está passando por uma crise econômica. Toda semana vejo o anúncio de alguma empresa fazendo reestruturação. Independentemente dos motivos que a empresa use para isso, será que as demissões de funcionários são um sinal de fracasso da administração?

Uma empresa demite seus funcionários quando comete um erro de estimativa de demanda do mercado, não consegue antecipar algum desenvolvimento crítico, ou não cria planos adequados de contingência. Ao se confrontarem com seus próprios erros, os dirigentes tentam resolver o problema por meio do corte de custos. É muito mais fácil e rápido demitir pessoas, do que fechar fábricas e vender equipamentos.

As demissões devem ser uma solução de último recurso. Do ponto de vista da responsabilidade social, as demissões podem destruir vidas. Do ponto de vista da organização, elas destroem a confiança e o respeito mútuos, necessários para tornar a empresa bem-sucedida.

Em uma época em que encontrar e manter as pessoas certas é mais importante do que nunca para o sucesso da empresa, as demissões são uma demonstração do fracasso de seus líderes.

Embora não sejam muito comentados, existem vários outros modos de administrar o custo da mão de obra sem recorrer às demissões. O administrador pode ser mais vigilante na hora da contratação: não contrate ninguém, a menos que esteja firmemente convencido da necessidade desse funcionário a longo prazo. Para o aumento da demanda a curto prazo, o administrador pode lançar mão das horas extras, ou da contratação de funcionários em regime temporário.

Os dirigentes da organização podem também adotar uma estratégia de crescimento sustentado. Se o excesso de mão de obra ocorrer, os administradores devem procurar pensar criativamente. Portanto, um bom líder deve planejar e pensar bem antes de tomar a decisão da demissão.

Sejamos realistas. Entendemos que as demissões são uma condição normal, inevitável e até necessária para se fazer negócios, na atual economia. As empresas precisam eliminar empregos, mesmo nas épocas boas, para se manterem competitivas a longo prazo, proteger os interesses dos acionistas e evitar demissões ainda maiores, no futuro. Mas, até que ponto o líder está mesmo fazendo seu trabalho de planejar, desenvolver e extrair potencial das pessoas para manter a empresa enxuta, competitiva e funcional?

Os líderes não podem fracassar em seu papel de guardiões dos ativos da empresa e em sua obrigação de maximizar a riqueza dos acionistas. Mas, como agir em meio a tanta pressão? Como você reage aos momentos de crise?

Um bom planejamento, a longo prazo, pode ajudar a manter a calma em momentos de pressão. Comece agora a planejar uma estratégia de gestão de crise coerente e não espere que o momento das "vacas magras" se aproxime, para se preparar. Muitas vezes, em meio a momentos conturbados, quando não se tem norte de planejamento, são tomadas decisões precipitadas e, quem sabe, irreversíveis.

Independentemente se sua empresa está realizando cortes, é hora de mostrar o seu real talento como líder. Encontre as infinitas possibilidades para nadar contra a maré de crise que assola este país. Afinal, momentos de crise são excelentes oportunidades para mostrar ao mundo porque você merece ocupar esse cargo tão especial na liderança.

Mãos à obra!

48

Pare de reclamar e largue o trabalho que odeia! Doze perguntas que vão esclarecer se você está trabalhando no lugar errado

Tem gente que não percebe que viver reclamando só serve para piorar as coisas. Conheço gente com visão negativa sobre quase tudo que, ao invés de olhar os benefícios que recebe da empresa, as coisas positivas que seu emprego oferece, vive reclamando de pequenas coisas, criando um clima de insatisfação nos outros e em si próprio.

Muitos desses funcionários só reconhecem os valores e benefícios da sua empresa depois que são dispensados, depois que deixam o emprego. Arrependem-se, ao passo que vão tendo maior contato com a realidade exterior, e acabam por ver que o local onde trabalhavam era, de fato, uma boa instituição. Ou, pelo menos, procurava ser e fazer o melhor que podia.

Sempre digo que não existe empresa ruim; talvez, você é que esteja no lugar errado. Ficar insatisfeito, irritado, ou bravo com situações no trabalho é muito normal, e faz parte de qualquer organização, mesmo sendo uma daquelas ditas como melhores empresas para se trabalhar. Penso que você não deva ter a expectativa irreal de achar que um bom ambiente de trabalho é harmonioso o tempo todo. Isso não existe!

O problema é quando ficamos insatisfeitos, por longos períodos, com as regras da empresa e com o comportamento e atitudes das pessoas que trabalham conosco. Isso indica divergência de valores, ou seja, sua forma de pensar e agir não corresponde àquele ambiente. Não se muda a cultura de uma empresa inteira do dia para a noite, portanto, é provável que quem tenha que mudar seja você.

Responda honestamente, com SIM ou NÃO, às questões extraídas de uma pesquisa feita pelo Instituto Gallup para avaliar até que ponto você está trabalhando no lugar certo, e criando condições para construir uma carreira de sucesso:

1 – Eu sei o que se espera de mim no trabalho?

2 – Eu possuo os materiais e equipamentos necessários para executar corretamente o meu trabalho?

3 – No trabalho eu tenho a oportunidade de fazer o que faço de melhor, todos os dias?

4 – Nos últimos 7 dias eu recebi demonstrações de reconhecimento ou elogios pela realização de um bom trabalho?

5 – O meu superior, ou alguém do trabalho, parece ter consideração por mim como pessoa?

6 – Alguém no trabalho incentiva o meu desenvolvimento?

7 – No trabalho, minhas opiniões parecem importantes?

8 – A missão e o propósito da minha empresa indicam que o meu trabalho é importante?

9 – Os meus colegas de trabalho têm o comprometimento de realizar um serviço de qualidade?

10 – Há alguém que eu possa considerar um amigo no trabalho?

11 – Nos últimos 6 meses, alguém no trabalho falou comigo sobre o meu progresso?

12 – Nos últimos doze meses, eu tive oportunidade de aprender e crescer no trabalho?

Se respondeu SIM a todas as questões, meus parabéns! Você já está no caminho da construção de uma carreira de sucesso.

Agora, se respondeu NÃO a mais de uma pergunta, então mude enquanto é tempo. Você está trabalhando no lugar errado. De nada vai adiantar ficar reclamando ou reivindicando maiores benefícios, ou atitudes diferentes, seja do chefe, ou dos colegas na sua empresa. Não espere as condições melhorarem, a vida melhorar, o sucesso chegar, para depois agir.

É preciso acreditar em você, na sua capacidade de vencer, construir e transformar a realidade. Deixe de lado todo o ceticismo e pare de reclamar. Faça algo por você e verá a diferença na sua carreira.

Pense nisso.

49

O que o seu trabalho atual está fazendo com você como pessoa, com a sua mente, o seu caráter e os seus relacionamentos?

Tudo é para ontem! As pessoas nas empresas pedem tudo com extrema urgência, parece que não sabem mais a diferença entre o que é mais importante e aquilo que é urgente.

Pergunto para muitos profissionais pelos corredores das empresas: *"Olá, como você está?"*, e a pessoa me responde: *"Estou na correria!"*, e me pego pensando: *"Está correndo para onde?"*

Um dos principais motivos pelos quais você está no seu emprego atual é porque o salário é bom? É uma das principais razões pelas quais você reluta em pedir demissão, por não poder se imaginar tendo uma redução salarial significativa, ou entrando em uma profissão nova, com perspectivas financeiras limitadas?

A tarefa de encontrar uma carreira gratificante é um dos maiores desafios da vida. Muitas pessoas estão presas a empregos desinteressantes, dos quais não conseguem se livrar, estagnados pela falta de oportunidade, falta de autoconfiança e, o que é pior: a falta de disposição para encarar uma mudança!

Muitos profissionais querem a mudança, mas não querem mudar nada em suas vidas. Não estão dispostos a encarar as consequências que envolvem vivenciar essa tal carreira de sucesso e abundância.

COMO MUDAR DE CARREIRA E TOMAR AS MELHORES DECISÕES POSSÍVEIS EM MEIO AO TURBILHÃO DE RESPONSABILIDADES FINANCEIRAS ASSUMIDAS?

O primeiro passo para termos controle total sobre nossa carreira é termos liberdade financeira. Considero ser livre financeiramente aquele que não contraiu grandes dívidas e que possui reserva de dinheiro por um período de, no mínimo, um ano. Sei o quanto é difícil acumular uma poupança de um ano do seu salário, mas não é impossível.

Você terá que abrir mão de muitas coisas para obter o que deseja. Muitas vezes dar vários passos para trás em comparação ao que já conquistou e ao seu atual estilo de vida. A questão é que muitos não estão dispostos a fazer isso. Mas o que você prefere: um período de privação, ou uma vida inteira como "refém" de uma empresa, fazendo um trabalho que não condiz com o seu real talento?

Assusto-me com o número tão grande de pessoas que sentem insatisfação com a vida profissional. Sou esperançosa e defendo que todo profissional tem que ter a liberdade necessária para mudar, quando as coisas não fazem mais sentido. Mas, essa mudança requer rever uma série de comportamentos que, talvez, o estejam impedindo de alcançar o que deseja.

Algumas pessoas que vivem à margem da sociedade, na pobreza, podem não ter a oportunidade de alcançar esse objetivo. Isso eu reconheço. Se você estiver tentando sustentar sua família com um salário mínimo, a ideia de uma carreira gratificante pode ser interpretada como um luxo. Mas, será que é essa a sua realidade?

É possível encontrar um trabalho em que possamos prosperar e nos sentir realmente vivos. E você, está esperando o que, para começar a reorganizar sua vida?

A dura realidade da idade no mercado de trabalho

Tenho recebido muitos e-mails de internautas contando seus dilemas e problemas profissionais. Um fato muito difícil de encarar, no mercado de trabalho, é a discriminação com a idade do profissional. Tanto os profissionais mais velhos, quanto os mais novos, podem sofrer retaliação por terem a quantidade de experiência "errada" para a empresa.

Escrevi, a seguir, um resumo dos dilemas que cada faixa etária enfrenta nas empresas, e procurei dar dicas simples de como lidar com esses problemas.

UP - 50 DICAS PARA DECOLAR NA SUA CARREIRA

Dica 1 — PROFISSIONAL NA FAIXA DOS 20 ANOS

Geralmente enfrenta dificuldades para encontrar o primeiro emprego, porque as empresas exigem experiência e muita qualificação, ao passo que o jovem ainda está buscando a formação.

Dedicar-se a trabalhos voluntários pode lhe permitir algum tipo de experiência. Não espere se formar para buscar o primeiro emprego. É o estágio que lhe garantirá uma vaga efetiva, seja na mesma empresa, ou em qualquer outra.

Comece a ativar e construir seu networking. Procure se aproximar de pessoas que você admira e cujos passos deseja seguir. Lembrando que começar a pagar um plano de previdência privada é um excelente investimento para fazer em você.

Dica 2 — PROFISSIONAL NA FAIXA DOS 30 ANOS

Muitos já alcançaram cargos de liderança e estão no auge da sua produtividade. Invista na sua qualificação, faça cursos em sua área e expanda suas competências. Não espere que a empresa lhe proporcione um MBA, ou pós-graduação. Se isso ocorrer, então aproveite. Mas, se não quer investir em você, por que acha que a empresa deveria?

Invista, ou continue investindo, no plano de previdência e guarde dinheiro para imprevistos, como uma demissão, por exemplo. Demissão faz parte do jogo profissional e não é o fim do mundo!

Programe sua carreira hoje, pensando no que vai querer, ou poder fazer, após os 40 ou 50 anos e, eventualmente, aproveite a oportunidade para desenvolver uma segunda carreira, ou uma nova fase da mesma carreira que exerce hoje.

Sempre há oportunidades a serem exploradas.

Dica 3 — PROFISSIONAL NA FAIXA DOS 40 ANOS

Profissional sênior na empresa. Muitos são especialistas numa determinada área, ou segmento. Geralmente, estão repensando suas escolhas profissionais, relacionando todos os anos que já se dedicaram à empresa, e o que têm recebido nessa troca. Momento importante para investir num processo de *coaching* executivo, ferramenta que pode ajudá-lo a traçar novas metas e enxergar infinitas possibilidades para a carreira.

Estimule nas suas equipes o clima de troca de experiências e os relacionamentos de igualdade entre os seus colaboradores. Ajude a mostrar que todos sempre ganham com a diversidade. Seja justo nas suas considerações, pois você será um modelo para colegas que não pensam como você.

Dica 4 — PROFISSIONAL NA FAIXA DOS 50 ANOS

Se prepare para a saída da empresa e considere como uma fase natural desse ciclo, pois certamente acontecerá. Tente aprender algo com as pessoas mais jovens ao seu redor, e também se sinta e faça efetivamente parte do time. Não fique repetindo: *"no meu tempo"*... O seu tempo é HOJE!

Mantenha o entusiasmo e a energia, use a sua experiência e o equilíbrio emocional a seu favor. Procure ter flexibilidade para se relacionar com as pessoas e para negociar. No setor de serviços, o mais experiente é muito requisitado.

Dica 5 — PROFISSIONAL ACIMA DOS 60 ANOS

No Brasil, a pessoa acima de 60 anos já é considerada idosa. Para retornar ao mercado de trabalho, o idoso naturalmente terá mais dificuldade.

Se, por um lado, sabemos que você é um profissional sênior que tem experiência, por outro lado a empresa pode considerar que trará consigo uma série de vícios, dificuldades de entrosamento no novo emprego. Isso sem contar que a nossa CLT antiquada não faz jus ao trabalho atual. Portanto, você terá que ser muito bom no que faz, para convencer.

A realidade é que, cada vez mais as empresas estão procurando gente especializada. E, se a vaga estiver entre dois candidatos com as mesmas condições, o empregador dará preferência a quem tem menos idade. Saiba que concorrerá, sim, com jovens qualificados e que estão dispostos a aceitar salários menores, com mais responsabilidades.

Não espere remuneração igual, ou maior, àquela que recebia quando estava empregado. Salvo raríssimas exceções, um aposentado dificilmente sai de uma empresa e ingressa em outra nessas condições.

Muitas vezes terá que aceitar um cargo inferior ao que tinha na empresa anterior. Afinal, não existem cargos de gerentes e diretores para todos. Ainda assim, em determinadas áreas há muitas vagas, principalmente nas consultorias.

Mas, lembre-se que o trabalho de consultor somente lhe renderá remuneração atrelada ao seu desempenho e produtividade, portanto, precisará se reinventar. Para isso terá que se conhecer plenamente e saber o que pode oferecer.

Independentemente da sua faixa etária, ao invés de ser moldado pelas circunstâncias, note que pode controlá-las. Você pode fazer as coisas acontecerem para melhorar a sua situação. Pode ser responsável pelo seu destino. Seu futuro está nas suas mãos. Modele-o, independente dos problemas da realidade atual.

Para ter sucesso e tirar o máximo da vida, temos de nos afirmar e fazer a diferença, pois a realidade é o que é, e não o que gostaríamos que ela fosse.

Contato da Autora
e-mail: daniela@danieladolago.com.br
twitter: @daniela_lago
Instagram: daniela_do_lago
Facebook: Daniela do Lago – Palestras

Conheça as nossas mídias

www.twitter.com/integrare_edit
www.integrareeditora.com.br/blog
www.facebook.com/integrare
www.instagram.com/integrareeditora

www.integrareeditora.com.br